AF403367

L'IMMIGRATION INDIENNE

ET LA

NOUVELLE RÈGLEMENTATION

A LA GUADELOUPE

Il y a déjà plusieurs mois, M. Victor Schœlcher a fait paraître une brochure sur la « *Nouvelle règlementation de l'Immigration à la Guadeloupe.* »

J'ai été le rapporteur de ce projet de règlementation, devant le Conseil général. De sorte que c'est beaucoup à moi que la brochure s'adresse.

J'hésitais encore à répondre, mon respect me conseillait d'abord d'éviter plutôt de contredire l'honorable sénateur, — à moins qu'il n'y eût à la discussion un véritable et sérieux intérêt, — lorsque le *Moniteur des Colonies,* journal qui a avec M. Schœlcher les attaches que l'on sait, reprenant en sous œuvre la campagne, est intervenu en termes plus que désobligeants.

Je me suis alors senti obligé de relire l'œuvre avec toute l'attention qu'elle mérite, et j'ai acquis, à cette seconde lecture, la conviction que mon intérêt et mon devoir ensemble réclament une réponse.

Je réponds.

Je commencerai par remercier l'honorable écrivain, toujours si ardent à défendre la cause des faibles, de ne s'être pas départi à mon égard de son « urbanité habituelle, » tant critiquée par son journal. C'est le seul moyen de donner de la dignité à la contradiction.

Je le prie, en outre, d'être bien persuadé que je ne suis ni moins honnête ni moins bon républicain... qu'il peut le désirer. Me refuser ces prémisses, serait rendre toute réponse de ma part impossible.

S'il me fallait, dans la question qui nous occupe, poser ici un principe, je n'éprouverais aucun embarras à répéter ce que j'ai, toujours et partout, hautement soutenu.

Pas plus que M. Schœlcher, je n'aime ce qu'on appelle aux colonies « l'Immigration. » Je l'ai sans cesse, et de tout mon pouvoir, combattue, dans la presse autant que dans nos assemblées. Et j'ai, pour la repousser, des raisons qu'il m'est arrivé de développer cent fois, qui me semblent très puissantes, tant au point de vue social, qu'au point de vue économique et politique.

Au point de vue social, l'Immigration indienne, introduite au milieu d'une civilisation née récemment à la liberté, à la vie civile et politique, qui s'efforce de s'élever sur les traces de la métropole et de marcher du même pas vers le progrès et la lumière, inocule à nos populations saines, neuves, en voie de moralisation rapide, où la famille se fonde, où la fortune s'assied, où le cerveau se développe et se forme, — les débris inférieurs, les déjections, les vices physiques et moraux d'une civilisation et d'un peuple dégénérés.

Au point de vue économique, elle nécessite des avances de fonds considérables à la main-d'œuvre, lesquelles, dans notre petit pays de 150,000 habitants, ne peuvent être évaluées à moins de 1,000,000 de fr. par an depuis 30 ans, — sans compter le salaire, la nourriture, le logement, l'habillement, les soins médicaux, qui restent perpétuellement à la charge des employeurs pour des milliers d'indiens ; elle livre le travail, la ressource vitale du pays, la source et la cause de la prospérité publique, de l'instruction des enfants, de la fortune des pères, de l'élévation des familles, à des mercenaires transportés de loin, grâce à la précaire autorisation d'une nation étrangère, sans force, sans assimilation possible, sans attachement, sans amour pour le sol, — dont la plupart, sitôt qu'ils ont glané quelque monnaie, demandent à l'emporter dans l'Inde, où cela leur devient une petite fortune, quittes à revenir quelquefois en recueillir une nouvelle part, dont quelques-uns exceptionnellement s'établissent parmi nous, et dont un grand nombre ne produit jamais, en retour de tous les sacrifices que coûte leur présence, aucun travail utile.

Au point de vue politique, l'Immigration a été — volontairement ou non — un moyen, une force qui a permis de perpétuer dans notre pays, même après l'affranchissement, la constitution d'une sorte de féodalité terrienne, en maintenant la grande propriété, plus forte que jamais et à peu près dans les mêmes mains ; en livrant, comme je l'ai dit, le travail de la terre à des mercenaires étrangers sans cesse repatriés et sans cesse remplacés par d'autres mercenaires, d'autres étrangers aussi peu attachés au pays ; en contribuant puissamment à écarter du travail et de la possession du sol la race des anciens affranchis, déjà éloignés peut-être par les souvenirs de l'esclavage, mais assurément aussi repoussés par le contact de l'indien et par l'avilissement des salaires que le salaire *nominal* de l'immigrant (12 fr. 50 par mois) ne cesse de déprécier.

C'est là une considération, surtout locale, sans doute, mais sur laquelle, il me semble, on n'a pas encore, jusqu'ici, suffisamment insisté.

Malgré tous ces vices, que tout le monde voit, et que presque tout le monde avoue au moins en partie, malgré toutes les critiques et toutes les luttes, l'Immigration indienne a été maintenue dans nos pays jusqu'à ces derniers temps. C'est qu'aussi elle présentait à ceux qui en usent, des avantages de divers ordres, qui l'emportent, dans beaucoup d'esprits, sur ses inconvénients reconnus.

D'abord, l'attribution des immigrants aux engagistes se fait après l'introduction des convois, contre remboursement, sous diverses formes, des frais avancés par la colonie. Voilà le principe.

Mais pendant longtemps l'Administration locale a toléré la remise des engagés en dehors de toute consignation des primes et autres frais de remboursement, — *à crédit.* Voilà l'avantage. De telle sorte qu'un grand nombre d'engagistes restaient indéfiniment débiteurs, envers la colonie, de redevances, que, par mauvais vouloir ou autrement, ils ne soldaient jamais, et dont ils finissaient par obtenir, un jour ou l'autre, du Conseil général, par complaisance ou nécessité, le dégrèvement pur et simple. Les anciens comptes-rendus et les budgets du service de l'Immigration portent la trace indéniable des faits que j'avance. En termes plus explicites, beaucoup d'habitants trouvaient dans l'Immigration, telle qu'elle était alors pratiquée, le moyen de se procurer les bras nécessaires à leurs exploitations, presque sans bourse délier. Ce procédé commode méritait bien qu'on s'y attachât !

Un autre avantage se trouve dans le mode de paiement. Le salaire de l'Indien se paie : partie en espèces, partie en vivres, habillements, etc. L'habitant, qui ne possède guère d'argent, à lui, qu'après la récolte, et qui, dans tout l'intervalle, vit sur le crédit, profite de son crédit auprès des fournisseurs de la ville pour nourrir et vêtir ses indiens ; il règle, à la récolte -- quand il règle, — puis recommence son système d'emprunt. Quand il ne règle pas, — ce qui n'est, sans doute, qu'une exception, mais, du moins, une exception assez fréquente, — c'est la faillite du commerçant, et, en dernière analyse, la dissipation des capitaux métropolitains.

Voilà la situation qui a, de tous temps, existé dans notre pays. Vestiges des mœurs... faciles de l'esclavage, qui n'ont pas encore complètement disparu. Et voilà qui ne serait guère possible avec de grands et nombreux ateliers d'indigènes, qui, eux, veulent se faire payer en espèces l'intégralité de leur salaire.

Outre les avantages précités, qui ne sont que des abus de l'institution, il en est d'autres qui en sont des conséquences économiques. En voici un de cette nature, le seul peut-être, mais dont on appréciera l'importance pour les engagistes. Ce nouvel avantage dépend de la fixation de la partie du salaire réglé en espèces. Cette partie en espèces est arrêtée d'avance, pour un minimum de travail, au chiffre de 12 fr. 50 par mois. Au total, il est vrai que le salaire réel, y compris toutes les prestations en nature, est bien supérieur à cette somme. Mais cette partie en espèces est néanmoins tout *ce qui se voit* du salaire. Le reste : le logement (dans des cases déjà construites) la nourriture, le vêtement (réglés sur le crédit) voilà *ce qui ne se voit pas*. On peut donc considérer ces 12 fr. 50 par mois comme étant le salaire *nominal* de l'Indien Et par cette fixation, en fait, immuable, — se trouve immobilisée cette chose essentiellement variable : le salaire ; et ainsi le marché du travail dans nos colonies est à peu près soustrait aux causes d'oscillations dépendant de l'offre et de la demande. Et comme évidemment ce chiffre de 12 fr. 50 ne peut être qu'un minimum, voilà l'employeur en quelque sorte garanti, par avance, contre les chances de hausse et contre les exigences possibles d'un contrat débattu de gré à gré.

Cette conséquence, purement économique, résulterait aussi bien — la chose est claire — de tout autre système où la limite du salaire serait, également, fixée d'avance : tel que, par exemple, le système préconisé en 1848 par l'honorable M. Schœlcher lui-même pour établir un *minimum* et un *maximum* légal des salaires.

Et puis encore, nos autorités d'autrefois ont eu recours à l'Immigration, sous prétexte que les anciens travailleurs, une fois libérés de l'esclavage qui les enchaînait à la terre, ont fui la grande culture, l'ont abandonnée sans bras et sans instruments. La chose a pu être vraie dans une certaine mesure, et cela s'explique. Mais ce qui est certain, ainsi que je l'ai indiqué plus haut, c'est que l'arrivée de l'Indien a achevé l'éloignement de l'indigène, et rendu son retour moins facile. On aurait pu acheter les instruments qui manquaient ; on préféra continuer à acheter des bras, qui vinrent, d'une façon lente mais continue et, dans le système, irrévocable, se substituer aux anciens mis en fuite.

Et aujourd'hui, en face d'un abandon qu'ils prétendent définitif et qui se perpétuera probablement, en effet, tant que les choses resteront en l'état, un grand nombre d'esprits, qui paraissent même jusqu'à présent être la majorité, hésitent, quoi qu'on leur dise, à renoncer brusquement à un moyen qui, selon eux, malgré tout, nous fait vivre, et concluent encore au maintien de l'immigration au moins comme expédient. Nous vivons, à ce compte, dans une sorte de provisoire perpétuel, dont tout le monde prévoit la ruine et dont le plus grand nombre, jusqu'à ces derniers temps, s'est toujours efforcé, de tout son pouvoir, d'éloigner la chute inévitable.

Un grand événement cependant s'est produit. L'Immigration indienne, malgré le nombre et la puissance de ses partisans, en est arrivée à un moment psychologique grave. Les choses ont également leur destinée : également elles naissent, elles croissent, elles ont leur moment de grandeur et de force, elles ont leur mort, violente ou naturelle.

La Martinique a solennellement supprimé le recrutement des immigrants. Indice significatif, quoi qu'on en pense, d'une disposition nouvelle des esprits, qui ne pouvait manquer d'être commune aux deux îles sœurs ! La Guadeloupe, sans avoir pu réunir encore les éléments d'une pareille détermination, aussi solennelle, ne s'en trouve pas moins, par le fait, par la force des choses, dans une situation à peu près identique. Depuis deux ans, — et ce n'a pas été sans lutte, — le recrutement a été déclaré indéfiniment suspendu ; aujourd'hui personne n'en parle plus : la crise que nous traversons défend de songer à des opérations aussi onéreuses, et le vote le plus récent du Conseil général sur la matière a été un vœu unanime pour l'institution d'une immigration libre, si l'on devait revenir, un jour, aux pratiques de l'Immigration. Ainsi notre pays n'a pas cru pouvoir abandonner l'Immigration indienne, c'est l'Immigration indienne qui nous abandonne : elle semble mourir chez nous de sa belle mort.

Mais tout cela n'empêche qu'il y ait encore, même aujourd'hui, 20,000 indiens à la Guadeloupe.

Depuis plus de trente ans que l'Immigration se pratique régulièrement dans notre pays, on s'est sans cesse efforcé de lui faire une règlementation. Non pas une règlementation immobile, inamovible. Dans une question qui est restée si étrangement nouvelle, — si anormale, on peut dire, — si pleine de complications qu'on n'aperçoit pas aux premiers regards, — force a été de procéder par arrêtés successifs, au fur et à mesure que différents cas, que différentes nécessités surgissaient. Puis de temps en temps, le besoin se faisait sentir de codifier, en les améliorant, tous ces textes épars, improvisés, et quelquefois contradictoires. C'est ce besoin que manifestait déjà une dépêche ministérielle du 27 juillet 1859, que d'autres dépêches analogues ont précédée ou suivie à divers temps, — et laquelle provoqua l'arrêté règlementaire du 24 septembre de la même année. C'est ce même besoin qui s'imposa encore de nos jours.

Notre règlementation est donc restée une formule qu'on complète, qu'on transforme, qu'on améliore continuellement, selon les besoins et les dispositions progressives des esprits.

Dès 1879, à la date du 20 mai, M. le ministre de la marine et des colonies adressait au Gouverneur de la Guadeloupe une dépêche, dont il est important d'extraire ce qui suit :

L'administration de la Réunion a transmis à mon département les documents se rattachant à l'étude à laquelle a été soumis, dans la colonie, un projet de réorganisation du protectorat de l'immigration. (Le ministre communiquait ces documents.)

Par une dépêche en date du 13 février dernier, adressée au commissaire général Faron, j'ai donné mon approbation à l'ensemble des mesures adoptées...

Je vous prie de vous inspirer de l'ensemble des documents ci-annexés pour libeller un projet, qui devra être soumis aux délibérations du Conseil général.

L'ensemble des projets qui me seront soumis servira à établir un règlement commun dont le Conseil d'Etat sera saisi. (*Procès-verbaux du Conseil général. Session ordinaire de 1879. — Page 165.*)

On attacha tout de suite, à la Guadeloupe, une grande importance à cette question, — qui s'imposait parce que nous n'avions pas moins, alors, dans la colonie, de 25 à 28,000 immigrants.

Le Conseil général indiqua quelques réformes plus particulièrement pressantes, dans ses sessions de 1879 et de 1880.

Enfin un arrêté du 20 juillet 1881 institua une commission administrative, à l'effet « de coordonner les textes, de les réviser, amender, et de définir, d'une manière plus exacte, les obligations réciproques des engagistes et des engagés. »

Le projet qui sortit de ces délibérations ne fut guère que la reproduction adoucie du projet de la Réunion, dont le ministère avait recommandé qu'on s'inspirât, lequel n'était lui-même qu'une imitation fort atténuée des règlements anglais.

Ce projet administratif fut soumis à l'adoption du Conseil général et discuté dans sa session ordinaire de 1881. J'en fus le rapporteur, cette première fois. Plusieurs modifications y furent encore introduites sur ma demande. Et au moment de voter sur l'ensemble, M. Célestin Nicolas prononça ces paroles, qu'il est intéressant de rapporter :

L'œuvre qui a été soumise à vos délibérations, n'est pas parfaite. Il serait désirable que, pour l'immigrant, l'on pût en venir au droit commun ; mais il faut maintenir cette situation exceptionnelle dans l'intérêt de l'engagé comme de l'engagiste. L'un trouvera sa garantie dans son salaire, l'autre dans le travail qui lui sera fourni. Je fais des vœux pour que cette œuvre donne satisfaction à tous.

Chacun fut de l'avis de Monsieur Nicolas

Et le projet fut adopté à l'unanimité moins une voix.

Il ne s'agissait alors, du reste, que d'un projet d'arrêté qui devait être substitué à l'ensemble des arrêtés antérieurs. On sait que cette forme permet aux pouvoirs locaux d'introduire facilement et immédiatement dans les actes publics les améliorations dont le besoin se présente. Toutefois avant de prendre une décision, l'administration, où mon propre frère, aujourd'hui sénateur de la Guadeloupe, remplissait les fonctions de Directeur de l'Intérieur, jugea bon de consulter le ministre. Celui-ci, qui voulait donner au règlement en préparation la forme, plus solennelle, sans doute, — mais moins rapidement transformable, — d'un décret, après y avoir donné son entière adhésion, prescrivit de renvoyer le projet devant le Conseil général, pour être, conformément au sénatus-consulte de 1866, délibéré sur certains amendements introduits par le Conseil privé.

La commission locale qui, sous la présidence du Directeur de l'Intérieur, avait étudié le projet primitif, le remania en se conformant aux instructions du département, et en prenant toujours pour guide le décret applicable à la Réunion, dont les dispositions venaient d'être adoptées par le conseil d'État. (Voir discours du Gouverneur à la session ordinaire de 1882)

Le projet fut donc, de nouveau, modifié et adopté dans une commission du Conseil général, dont M. Gerville-Réache fut le rapporteur, et dont l'assemblée n'eut pas le temps de discuter le rapport. En en renvoyant, sur ma demande, l'examen à une prochaine session, — malgré les instances de M. Faudon, Directeur p. i., et du Président du Conseil, M. J.-F. Guilliod, — personne n'avait manifesté l'opinion d'y renoncer. M. Justin Marie avait dit, au contraire : « Nous ne sommes pas des légistes pouvant trancher de semblables questions sans un mûr examen. Au point de vue des pénalités surtout, on ne saurait prendre trop de temps pour se prononcer. »

L'année suivante, l'Immigration indienne avait été supprimée pour la Réunion. Le projet de décret déjà adopté par le conseil d'État pour cette colonie, et dont le Département, je ne cesse de le répéter, nous avait recommandé de nous rapprocher autant que possible, et au sort duquel notre propre réglementation se trouvait ainsi en quelque sorte liée, subit le contre-coup de ces incidents et demeura en suspens. L'administration, revenant, un moment, à la pensée d'un simple arrêté local, demanda au Conseil général de désigner quelques-uns de ses membres pour faire partie d'une nouvelle commission, chargée d'assurer encore les bases de cette organisation. Le projet communiqué à nos deux sessions précédentes devait en fournir, toujours, les éléments essentiels. Sept membres furent désignés Le 24 mars 1884, cette commission extraparlementaire était complétée. Elle comprenait parmi ses membres : MM. Justin Marie, Célestin Nicolas, Dufond, Carraud, procureur général, Liontel, procureur de la République.

Les événements de 1884, la crise sucrière, la démission du Directeur de l'Intérieur, M. Isaac, appelèrent ailleurs l'attention. La commission ne fut convoquée que le 14 novembre. On était alors à la veille de l'ouverture de la session ordinaire du Conseil général. Les conseillers généraux, membres de la commission, résidant à la Grande-Terre, ne purent répondre à ce double dérangement. La réunion n'eut pas lieu.

Vint la session du Conseil. Le 12 décembre, la proposition suivante fut mise aux voix :

Nous proposons au Conseil général de décider que la commission spéciale chargée de réglementer le travail des immigrants ne se réunira qu'après la session du Conseil, et que le rapport de cette commission sera soumis au Conseil général dans sa prochaine session extraordinaire.

Signé : HANNE, JUSTIN MARIE, J.-F. GUILLIOD.

Un courant s'était formé au sein du Conseil pour une solution immédiate et hâtive. Ce courant l'emporta. La proposition fut repoussée.

La commission spéciale fut donc convoquée pour le 16 décembre, au cours même de la session. Mais elle avait des membres domiciliés hors du chef-lieu, à qui il ne fut pas toujours possible d'assister aux réunions. Ces réunions elles-mêmes ne se tenaient que le soir : les conseillers généraux qui en faisaient partie, ayant à suivre concurremment les séances du Conseil, ne pouvaient guère, au sortir de celles-ci, apporter à celles-là toute l'activité nécessaire.

Après plusieurs séances, la commission ne tarda pas à se convaincre que l'œuvre réclamait plus de temps, plus d'attention, plus d'assiduité et de régularité qu'elle n'en pouvait donner, pour la mener à bonne fin : elle se dispersa avant d'achever.

Les partisans de l'Immigration voulurent alors enlever au Conseil général l'acceptation d'emblée du projet adopté par le conseil d'État pour la Réunion. La Réunion, disait-on, y avait travaillé trois années ; elle avait préparé un premier et un second projet, qui, tous deux, avaient été renvoyés avec des observations, et enfin ce troisième, qui avait été définitivement accepté.

Le Conseil général de la Guadeloupe, à son honneur, ne voulut pas adopter une règlementation, même agréée par le conseil d'État, par le « plus haut conseil du gouvernement de la République, » sans l'avoir consciencieusement examinée et discutée. Force fut donc de renvoyer toute la question à une session prochaine.

Dans l'intervalle de tous ces faits, le ministre n'avait cessé de renouveler d'année en année ses demandes et ses injonctions au sujet de la règlementation attendue.

Le 16 février 1885, M. Félix Faure, sous-secrétaire d'État aux colonies, écrivait encore au Gouverneur de la Guadeloupe:

J'ai plusieurs fois appelé votre attention sur la nécessité de régler toutes les questions relatives au régime des immigrants.

Il vous appartient d'insister auprès de la commission chargée de l'élaboration de ce projet pour qu'elle termine son travail dans le plus bref délai. Il est à craindre, en effet, si l'on ne se presse d'assurer d'une manière efficace la protection des travailleurs indiens, que l'Immigration ne soit suspendue pour la Guadeloupe comme elle l'a été pour la Réunion.

C'est cette lettre qui hâta la session extraordinaire du Conseil général, de 1885, convoqué principalement pour délibérer de la question.

Le Conseil général nomma sa commission le 14 juin, et le 2 juillet la discussion de mon rapport commençait.

M. Schœlcher se trompe donc lorsqu'il dit quelque part, dans sa brochure, que « M. Isaac, le rapporteur, ne se pressait pas, comme on l'a vu, de faire son rapport. » C'est également par erreur que, reproduisant la lettre de M. Félix Faure au Gouverneur, il attribue à celui-là ces paroles : « Il vous appartient d'insister auprès de la commission *du Conseil général*, chargée de l'élaboration de ce projet. » M. Félix Faure ne pouvait parler et n'a point parlé, en effet, de commission « du Conseil général. » J'ai reproduit plus haut sa lettre textuellement. La commission dont il s'agit dans cette lettre n'est pas une commission du Conseil général ; c'est, au contraire, la même commission administrative, nommée le 14 mars 1884, et dont j'ai fait connaître l'histoire.

Je puis bien encore, en passant, faire remarquer que M. Carraud, alors procureur général, que M. Liontel, devenu son substitut, que MM. Dufond, Justin Marie, en assistant aux séances, tout en défendant l'intérêt de l'immigrant contre les tendances des engagistes, n'en admettaient pas moins, par conséquent, le principe de la réglementation.

L'honorable M. Schœlcher reproduit la lettre de M. Félix Faure afin de faire ressortir, avant tout, que, dans la pensée de M. le sous-secrétaire d'État, la nouvelle réglementation « avait *surtout* pour but d'organiser mieux qu'elle ne l'était la protection des immigrants. » Et pour insister de façon plus précise encore sur ce but et sur cette protection, il coupe quelques citations dans mon rapport. Voici ces citations telles qu'il les a faites :

« Il est un fait indéniable, c'est la nécessité d'une protection spéciale pour l'immigrant engagé... Mais quelle sera cette protection ?... Il ne s'agit pas de la créer, elle existe. Il s'agissait, pour votre commission, de réunir, de codifier, d'améliorer les textes disséminés... et de les transformer en une œuvre une, entière, conçue dans des vues d'ensemble et dans un esprit général plus en rapport avec notre libéralisme républicain... Nous devons le déclarer, avant tout : nous n'entendons pas faire une réglementation exceptionnelle du travail. Votre commission est la première à reconnaître que le travail ne se décrète pas... Il s'agit *uniquement* d'organiser la protection de l'immigrant et... de soumettre aussi à une surveillance spéciale cet élément étranger, susceptible d'être dangereux à un moment donné. »

Cette dernière phrase, ajoute M. Schœlcher, nous mène un peu loin du point de départ. La protection due à l'immigrant cesse d'être l'*unique* préoccupation du législateur, elle n'est plus que la principale.

Et, en effet, à lire ces extraits ainsi rapprochés, le lecteur partage la surprise de l'honorable écrivain. Cette nécessité d'une « surveillance spéciale », cet élément « étranger, dangereux » qui apparaissent là pour la première fois, après tout ce bruit de protection, déconcertent un peu.

Je regrette que M. Schœlcher s'en soit tenu à ces citations écourtées. Je ne sais si je me trompe, mais il me semble, que, — à part l'inconvénient peut-être de prendre un peu de place, — une citation plus complète aurait eu l'avantage de préciser plus nettement la pensée du rapporteur, et la portée du projet. La chûte en aurait paru, en tous cas, moins profonde.

On me permettra de reproduire le passage du rapport où ces citations ont été choisies.

Il est un fait indéniable, disais-je, en effet, c'est la nécessité d'une protection spéciale pour l'immigrant engagé.

Mais j'ajoutais :

La condition d'une protection spéciale est la négation même du simple droit commun. L'indien, débarqué sur notre sol en exécution d'une convention internationale expresse, lié par un contrat particulier, dont les clauses sont fixées d'avance par des règles étroites, sous la garantie d'une protection faite pour lui seul, étranger, d'ailleurs, et toujours peu assimilable à notre langue, à nos lois, à nos mœurs, à notre esprit, — n'est pas un élément immédiatement propre à l'absorption dans le pur droit commun.

Mais quelle sera cette protection ? Quelle en sera la nature ? Quelles en seront les obligations et les limites ? Quels en seront les agents ? Ne crée-t-elle pas une situation spéciale à l'engagiste et à l'engagé vis-à-vis des autorités administratives et judiciaires ?

Toutes ces questions ne peuvent se résoudre que par la

règlementation. Elle existe, du reste, cette règlementation. Il ne s'agit pas ici de la créer. Elle existe dans les décrets bien connus de 1852, appliqués à l'immigration indienne, et dans une multitude d'arrêtés qui y font suite.

M. Schœlcher a omis tous les passages que je viens de rétablir. Je ne sais encore si je me trompe, mais il me semble qu'ils sont très-importants : il me semble qu'on n'y trouve pas l'unique préoccupation de la protection ; entre autres choses, je n'y dis pas seulement : « Quelle sera cette *protection ?* il ne s'agit pas de la créer, *elle* existe » ; on y trouve, au contraire, un raisonnement qui, à tort ou à raison, — nous verrons ceci plus tard, — admet, d'un côté, que l'immigrant indien est soumis, sous divers titres, à une protection spéciale, hors du droit commun, — et que, d'un autre côté, sa qualité d'étranger inconnu, susceptible d'être dangereux, le rend passible, à certains moments, d'une surveillance spéciale. Je crois que ce raisonnement résume toute la pensée du rapport et du projet de règlementation. On y voit, dès les premiers mots, apparaître deux objets également importants dans la situation actuelle, qui se confondent dans une « *unique* préoccupation » — la protection, la surveillance !

D'ailleurs n'est-il pas évident que M. Félix Faure, lui-même, en rappelant la nécessité de régler « *toutes* les questions relatives au *régime* des immigrants » ne comprenait pas l'*unique* protection ? il y a dans « *toutes* les questions relatives à l'immigrant » autre chose encore que la protection ; ce qu'on appelle le « *régime* » des immigrants ne s'est jamais borné à la seule protection. M. Félix Faure le sait bien. Du reste, M. Schœlcher le reconnaît lui-même implicitement lorsqu'il dit, dès ses premières lignes : « La nouvelle règlementation avait *surtout* pour but d'organiser, mieux qu'elle ne l'était, la protection. C'est ainsi que le comprenait M. Félix Faure. » Oui, cela était *surtout* le but. Oui, c'est ainsi que nous le comprenions tous. Et, en ce qui me concerne, je crois pouvoir ajouter que cela est resté ma principale préoccupation : la protection !

Je ne ferai pas l'injure à mes collègues du Conseil général de leur refuser la même disposition généreuse.

Après cela, notre œuvre est-il absolument bon et au-dessus de toute critique ? Je ne le soutiendrai pas contre M. Schœlcher, qui le conteste absolument. Je vais plus loin. Je ne me fais aucune illusion. Je crois que toute règlementation est mauvaise, ne fût-ce que parce qu'il vaudrait mieux qu'on n'en eût pas besoin ; d'ailleurs, toute situation où une règlementation a paru nécessaire ou utile, est fâcheuse : il est fâcheux qu'on ait dû ou qu'on ait pu jamais penser à une règlementation quelconque ; il est fâcheux qu'en France, par exemple, on ait dû faire des lois pour la règlementation du travail des enfants, la règlementation de l'apprentissage ; il aurait mieux valu qu'on n'en eût jamais eu besoin.

Je constaterai néanmoins avec M. Schœlcher, qui le constate, « l'intention sérieuse où était le Conseil général d'améliorer le sort des immigrants. »

Avons-nous, du moins, amélioré le sort des immigrants ? Cela, je le crois. Et tout en remerciant sincèrement l'honorable abolitionniste d'avoir bien voulu nous signaler les défauts qui le choquent, et jeter ainsi quelques lumières de sa haute raison sur l'œuvre imparfaite de notre humble commission, qu'il me soit permis d'examiner quelques-unes de ses critiques. Je suis convaincu que si, dans cet examen, je montre quelque indépendance, il aime trop l'indépendance et la liberté, lui qui a tant fait pour un autre affranchissement, pour ne pas me le pardonner.

Je dirai d'abord que je n'accepte pas la responsabilité personnelle et intégrale du projet de règlementation. J'ai beaucoup contribué à y faire introduire certaines clauses que je crois bonnes. J'ai combattu en vain pour en faire retrancher certaines autres que je sais mauvaises.

Les critiques de mon éminent contradicteur commencent avec l'article premier.

L'Administration des immigrants est confiée, sous l'autorité du Directeur de l'Intérieur, à un service spécial, dit Service de l'Immigration.

Là, M. Schœlcher ajoute : « C'est l'ancien service des syndics, lequel n'a jamais donné de garantie véritable. »

Si vos syndics sont mauvais, changez-les. Mais c'est cependant ce même service qui a si bien aidé M. Darrigrand, ancien procureur général, si connu pour ses rigueurs contre les engagistes.

M. Schœlcher voudrait qu'on remît la charge de ce service « dans la main de l'administration judiciaire. » On ne parviendra pas autrement, dit-il, à réprimer les plus gros abus de l'Immigration. Mais cette main-mise de l'administration judiciaire dans le service de l'Immigration supprimerait-elle donc la règlementation ? La direction confiée à des magistrats rendrait-elle toute règlementation inutile ? ou bien enlèverait-elle à la chose son caractère de règlementation ? Évidemment non.

Quant à donner aux syndics, « agents de l'ordre civil, l'autorité judiciaire » — impossible ! dit M. Schœlcher. Je suis de son avis. Ce serait changer le sens des mots et la nature des choses. Les syndics, — le terme le définit ainsi, — ne sont pas des agents de répression, mais des agents de conciliation et de contrôle.

De plus, quel qu'en soit l'agent, la protection spéciale entraîne à des conséquences graves. Quand le protecteur interviendra, il lui faudra bien d'abord établir les faits, reconnaître si c'est son protégé qui a raison. Et si c'est son protégé, au contraire, qui a tort ?... De toutes façons, c'est donc l'immixtion d'une autorité publique dans les contrats privés, — c'est l'indice d'une situation exceptionnelle et l'origine d'une règlementation, qui, en protégeant l'engagé, protége fatalement l'engagiste.

ART. 7, § 1er. — Les syndics sont les agents directs de la protection. § 10. Ils saisissent, quand il y a lieu, le Syndicat protecteur, dont il sera parlé aux articles 112 et suivants, de TOUS les faits ou réclamations pouvant donner lieu à une action judiciaire en faveur des immigrants.

« *Quand il y a lieu* », c'est-à-dire quand il leur plaira, conclut M. Schœlcher.

ART. 7, § 12. — Ils transmettent aux magistrats du ministère public les plaintes portées par les immigrants à l'occasion des délits et contraventions commis à leur préjudice.

M. Schœlcher cite ces textes, puis il ajoute encore les réflexions qu'on va lire :

« Un indien vient-il se plaindre au syndic d'avoir été frappé, montre-t-il la trace des coups qu'il a reçus ? si le syndic juge qu'il a été trop peu battu pour que cela « puisse donner lieu à une action judiciaire », l'indien ne peut l'y obliger ; le syndic ne saisit la justice que s'il trouve « qu'il y a lieu. » La protection que donne l'article 7 à l'engagé est à peu près illusoire. »

Il y a là, de la part de l'honorable critique, une méprise fâcheuse, qu'il m'excusera de lui signaler. Il y **a deux genres** d'actions judiciaires qui s'exercent au sujet et à l'occasion des immigrants indiens : actions civiles qu'ils peuvent avoir à intenter ou à soutenir, — actions du ministère public contre les délits et contraventions commis à leur préjudice. Ce que j'en relate ici n'est pas pour le lui rappeler. C'est précisément à ces deux genres d'actions que se rapportent les §§ 10 et 12 de l'article 7, qu'il a si convenablement rapprochés. Mais nulle part, il n'est dit que le syndic « juge » si un indien a été assez battu pour poursuivre, ni qu'il ne saisisse « la justice » que s'il trouve qu'il y a lieu. Et, d'ailleurs, comment admettre que des « traces de coups » permettent de dire qu'il n'y ait pas lieu de poursuivre ? Il est établi, au contraire, par ce même § 12 rapporté par M. Schœlcher, que, en tout état de cause, les syndics « transmettent aux magistrats du ministère public les plaintes relatives aux délits et contraventions commis au préjudice des immigrants. » L'expression : « quand il y a lieu » qui, dans le § 10, frappe si fâcheusement M. Schœlcher, ne s'applique pas au recours en « justice », mais simplement à l'intervention du syndicat protecteur.

Et qu'est-ce que le syndicat protecteur ? Reportons-nous aux articles 142 et suivants, auxquels nous renvoie précisément ce même paragraphe, tant critiqué.

Le syndicat protecteur, créé au chef-lieu de chaque arrondissement, est composé : du Procureur de la République ou d'un de ses substituts, président ; d'un avocat ou d'un avoué, désigné chaque année par le Gouverneur, et d'un conseiller général, désigné par le Conseil. (art. 141)

Il a donc pour président un magistrat, c'est-à-dire, l'un de ces hommes qui « seuls, comme l'affirme M. Schœlcher dans sa brochure, ont des habitudes de respect professionnel des lois ; qui, par conséquent, ne peuvent en faire bon marché sans quelque embarras, et sur qui on ne peut exercer d'influence directe. » Ses deux autres membres sont assez fréquemment renouvelables pour permettre, le cas échéant, au Gouverneur ou à l'assemblée issue du suffrage universel de les remplacer avant qu'on en ait longtemps souffert.

Ce syndicat protecteur peut, en outre, appeler dans son sein un interprète, qui est un indien, et qui a voix consultative. (art. 141)

Ce syndicat est chargé de diriger les immigrants pour tout ce qui touche à l'exercice des actions judiciaires qu'ils auraient à intenter ou à soutenir et ayant trait à leur condition d'engagés. (Art. 142).

Il reçoit, par l'intermédiaire et les soins des agents de l'Immigration, toute plainte ou réclamation des immigrants pouvant aboutir à une action judiciaire ; après avoir appelé l'engagiste à fournir ses explications, il décide s'il y a lieu, dans l'intérêt de l'immigrant, d'introduire une action devant l'une des juridictions de la colonie ; auquel cas, il se constitue seul pour lui, à titre de mandataire légal ; et selon les cas, suit lui-même ou fait suivre l'affaire par le syndic cantonal. Le tout sous réserve des dispositions des articles 7, 68 et 101 du présent décret. (art. 144)

Toutes ces décisions prises par le syndicat sont notifiées par le procureur de la République au protecteur, qui en surveille l'exécution, en tant que cette exécution soit confiée aux syndics (art. 145).

Toutes ces opérations demandent généralement une certaine lenteur et supposent d'assez longs délais naturels. Il peut se faire que, par des motifs divers, il y ait intérêt, pour l'indien plaignant, à ce que l'Administration soit, au contraire, tout d'abord informée et saisie de l'affaire. C'est ce qui est formellement établi, du reste, par l'article 3 — § 5, en stipulant que les « agents de la protection informent l'administration, par des rapports transmis hiérarchiquement, de tous les faits quelconques qui peuvent être de nature à donner lieu à son intervention. »

Notons, en outre, qu'en dehors de l'action civile, dont le syndicat d'arrondissement est appelé à apprécier l'intérêt, les mêmes faits peuvent, en tant que délits et contraventions, susciter une action criminelle ou correctionnelle ; et que, à ce titre général, le Procureur de la République, président du syndicat d'arrondissement, a dû être déjà, comme magistrat du ministère public, saisi de ces faits et réclamations (art. 7 § 12) ; de sorte que le même magistrat tient en mains les plaintes des immigrants contre les délits et contraventions commis à leurs préjudices, au sujet desquels il aura à conduire l'action publique, et, en outre, est appelé au sein du syndicat protecteur, à décider s'il y a lieu d'en rechercher la réparation civile.

Rappelons encore qu'en « cas d'urgence » et pour éviter les lenteurs naturelles des délibérations du syndicat d'arrondissement, le Procureur de la République peut, d'office, autoriser le syndicat cantonal à porter l'action directement et immédiatement devant le juge de paix. (art. 144 § 2)

Je puis bien rappeler aussi, sans doute, qu'en cas de désaccord sur la date de l'expiration de l'engagement, — ce qui est une circonstance particulièrement grave,

— le juge de paix, peut être immédiatement appelé, par le syndic cantonal, à statuer (art. 68) ; et que dans les cas où la nourriture règlementaire n'est pas fournie aux immigrants, — autre circonstance également grave, — le syndic cantonal encore peut se pourvoir directement devant le juge de paix. (art. 101)

N'oublions pas que, si même la décision du syndicat d'arrondissement est réformée par le Gouverneur en conseil privé, ainsi que celui-ci en a le pouvoir, le syndic cantonal, qui a transmis la plainte, se saisira lui-même, de l'affaire, en dépit du Gouverneur et du conseil privé, et y exercera tous les droits et pouvoirs conférés au syndicat d'arrondissement. (art. 145 § 2)

N'oublions pas non plus que, en dehors de tous les syndics et syndicats et de tous les agents quelconques de la protection, l'immigrant a toujours le droit de porter ses plaintes directement au Parquet et même au Consulat. (Art. 118 § 6)

Ces conditions étant ainsi envisagées, examinées, analysées dans leur ensemble et leur intégralité, il me paraît difficile que l'on puisse soutenir que la défense des intérêts de l'indien soit, purement et simplement, abandonnée au bon plaisir de quelque employé subalterne.

Art. 21. — Le nombre des immigrants à prélever sur chaque convoi pour la petite culture, est fixé provisoirement à 25.

Voilà l'article. Voici la critique de M. Schœlcher qui le cite :

La nouvelle règlementation, en fixant à 25 le chiffre à préveler pour la petite propriété, n'en fixe aucun pour la domesticité. Ne s'ensuit-il pas qu'aujourd'hui chacun peut appliquer à la domesticité autant d'immigrants qu'il voudra ? Si nous ne nous trompons pas, cela ne serait pas plus profitable à la grande qu'à la petite culture.

Non, cela ne s'ensuit pas, et M. Schœlcher se trompe. Heureusement pour le projet.

Pour se bien rendre compte du sens de cet article, il faut avoir présent à l'esprit tout le détail des opérations auxquelles il s'applique.

Or les demandes d'immigrants sont faites à l'avance et prennent rang, à leur date d'inscription, sur une liste, qui sert plus tard à la distribution des convois. Pendant longtemps, il avait été admis que, en dehors des besoins de la culture, toute personne, de la ville ou de la campagne, fût autorisée, sous certaines garanties, à se faire inscrire pour un domestique indien ; et sur chaque convoi, un prélèvement de 25 immigrants (ce qui en faisait 100 par an) était réservé pour donner satisfaction aux demandes de cette liste spéciale. C'est ce que les « républicains du Conseil » ont vivement critiqué dès leur début ; ils ont prouvé que cela était contraire au but de l'institution et que l'indien, qui fait déjà concurrence au travailleur du sol, ne peut être encore appelé, aux frais de la colonie, à faire concurrence même aux domestiques des villes. Et c'est ce qu'ils ont aboli dès 1881 C'est cette suppression que le dernier règlement a maintenue.

Il en résulte donc, contrairement à ce qu'il en a paru d'abord à M. Schœlcher, que, non seulement personne ne peut « appliquer à la domesticité autant d'immigrants qu'il le voudra » ; mais encore que la colonie a cessé même d'introduire des immigrants pour les besoins de la domesticité.

Art. 47. — L'immigrant engagé devra être pourvu d'un livret ; § 3. — L'engagiste inscrira au livret le nombre des journées de travail fournies pendant le mois précédent, le nombre des journées d'absence régulière, celui des journées d'absence irrégulière, le montant des salaires acquis, les payements effectués et les retenues opérées sur les salaires.

L'engagiste, ajoute M. Schœlcher, « inscrit au livret ce qu'il veut, sur tous ces points. » C'est, en effet, l'engagiste qui fait toutes ces annotations. Et, du moment que le livret est admis, l'engagiste seul peut les faire. Elles ne peuvent être confiées à l'immigrant. puisque l'immigrant « ne connaît ni la langue ni les chiffres du livret. » Mais il n'en a pas moins sa langue et ses chiffres à lui ; il appartient à un peuple, à une civilisation qui possède depuis très-longtemps une numération parfaite ; il sait compter dans sa langue ; et dans toutes les langues du monde 2 et 2 font 4 ; et puis il ne tarde guère à connaître suffisamment certains termes usuels qui lui rendent service, et il a toujours auprès de lui quelque camarade, plus ancien et plus au courant, qui l'éclaire ; et enfin, c'est précisément en vue de difficultés de ce genre que les fonctions de syndic cantonal ont été créées, lesquelles mettent à côté de l'indien un protecteur immédiat, en relations constantes avec lui.

En 1881, M. le Directeur de l'Intérieur, tout en exprimant devant le Conseil général le regret qu'il éprouvait de se voir contraint de maintenir le livret pour les immigrants, constatait, avec raison, que « l'obligation du livret est moins arbitraire et moins attentatoire à la liberté que celle du permis de circulation ; que si le livret est une charge pour l'immigrant, il constitue aussi une garantie pour lui, en restant désormais dans ses mains et lui permettant de se rendre compte, à tout moment, de sa situation. » Et M. Célestin Nicolas répondait en ces termes : « Je partage entièrement le sentiment de l'Administration. Je regrette de ne pouvoir faire entrer l'immigrant dans le droit commun, c'est ce qu'il y a de plus digne ; mais les idées ne sont pas encore arrivées jusque-là. Dans cette situation, le livret est une garantie pour l'immigrant ; il pourra venir devant une personne ayant sa confiance vérifier s'il a reçu ce qui lui est dû, s'il n'est pas encore spolié, comme cela arrive souvent, car nous avons connu de ces malheureux qui travaillaient depuis dix ans sans avoir pu terminer un engagement de cinq ans. »

Ainsi M. Célestin Nicolas trouvait dans le livret un moyen d'aider l'indien à se défendre contre la « spoliation. »

Que, malgré tout, une telle organisation ne soit pas hors de toute critique, oh ! incontestablement ! Elle a cependant pour elle d'être imposée par la nature des choses.

Et était-il possible ici de faire mieux ?

M. Schœlcher lui-même ne le croit pas. « Était-il possible, dit-il textuellement, d'enlever cette dangereuse faculté aux engagistes ? Nous ne le croyons pas. Il fallait forcément la leur laisser, et c'est une de nos raisons pour proscrire l'Immigration. »

Or voyez-vous comme nous sommes d'accord au fond : c'est précisément l'un des vices d'exécution qui me l'ont toujours fait combattre.

L'honorable sénateur cherche ensuite une sanction contre l'engagiste qui aurait été reconnu « réellement coupable de mauvaise foi » dans les annotations du livret, et il n'en trouve pas d'autre que celle qui est stipulée en l'article 181. Cet article porte § 2 :

Sera puni d'une amende de 5 à 15 fr. tout engagiste ou son représentant qui aura inscrit sur le livret de son engagé des constatations inexactes.

A cela l'auteur ajoute consciencieusement : « Mais si l'engagiste est réellement reconnu coupable d'un acte de mauvaise foi, préjudiciable au pauvre engagé, une amende de 5 à 15 fr. est-elle équivalente à la gravité du délit ? »

Encore y a-t-il — ce qu'il ne faut pas oublier — que cette amende, qui est une peine spéciale, ne porte nullement obstacle aux réparations civiles qui peuvent être accordées à l'indien, en vertu des articles du Code. si, en effet, il lui a été causé quelque dommage.

Mais il y a des constatations inexactes et des préjudices de bien des sortes. Si ces constatations inexactes sont assez graves pour toucher, par exemple « au paiement des salaires, à la durée du travail », alors, l'engagiste tombe sous le coup de l'article 178, et c'est une amende de 16 à 100 fr. « indépendamment toujours de la condamnation civile qui peut être prononcée contre lui ; » et si, même par le moyen de ces constatations inexactes, on peut dire généralement que « les conditions de l'engagement ne sont pas observées », le syndicat d'arrondissement peut poursuivre d'office, devant les tribunaux, la résiliation des engagements (art 143) ; et le Gouverneur, en conseil privé, peut prononcer le retrait des immigrants d'un engagiste, après deux condamnations civiles pour inexécution des contrats, cette inexécution fût-elle déguisée sous de simples constatations inexactes. (art 148.) Etc., etc.

Art. 49. — L'immigrant est toujours détenteur de son livret, qui devra être représenté à toute réquisition des agents de la force publique. Tout immigrant rencontré en dehors de la propriété à laquelle il est attaché et qui ne justifie pas d'un livret, sera présumé en état de désertion et de vagabondage.

C'est ainsi que l'honorable M. Schœlcher reproduit l'article. Et, le reproduisant ainsi, il en tire des conséquences qui soulèvent et expliquent son indignation.

On le voit, dit-il, l'engagé ne peut faire un pas sans avoir son livret sur lui, et faute de s'en être muni, dès qu'il a passé le seuil de la propriété à laquelle il appartient, il peut être arrêté et « conduit au commissaire de police, qui le mettra à la disposition de la justice, sous l'inculpation de désertion ou de vagabondage ». (même article § 1er)

« C'est là, ajoute-t-il, nous défions qu'on puisse le contester, un retour pur et simple à l'une des pratiques de l'esclavage... Ceux de nos amis qui ont voté une prescription si rapprochée de l'esclavage, peuvent-ils se persuader qu'ils ont modifié le régime de l'immigration « dans un esprit général plus en rapport avec leur libéralisme républicain ? » Ils sont de trop bonne foi pour ne pas avouer que leurs frères d'Europe ne sauraient accueillir avec faveur un projet contenant une telle disposition... »

Voilà, certes, des paroles auxquelles je ne puis être que très-sensible. Mais il y a là, — heureusement pour moi ! — un malentendu grave qu'il importe de dissiper.

Et d'abord l'article, que M. Schœlcher ne rapporte pas dans son entier, ne dit pas seulement que le commissaire mettra, en toutes circonstances, le dit indien à la disposition de la justice sous l'inculpation de désertion et de vagabondage ; il ajoute qu'il pourra également. « le faire conduire. suivant les cas. soit chez son engagiste, soit devant le syndic. »

Ce qui, déjà, ouvre à l'indien deux autres alternatives, absolument contraires à une inculpation bénévole et constante de désertion et de vagabondage.

Mais ce n'est pas encore là le point important. Le voici. Le passage relatif au livret. tel qu'il a été reproduit par M. Schœlcher. n'est pas conforme au texte. Voici le texte :

Tout immigrant rencontré, *un jour ouvrable*, en dehors de la propriété à laquelle il est attaché et qui ne justifiera pas d'un livret *portant la mention du dernier arrêté mensuel, dont il est parlé à l'article* 17, sera présumé en état de désertion ou de vagabondage.

Cela change absolument.

L'article 17 porte, en effet, que « le livret sera arrêté, dans les huit premiers jours du mois, par l'engagiste. et que l'arrêté devra être apposé alors même que l'immigrant n'aurait fourni dans le mois aucun travail. »

Cela étant. il a paru à votre commission que si l'on rencontre. un jour ouvrable, un indien porteur d'un livret où ne figure pas le dernier arrêté mensuel, c'est que cet indien est absent de l'habitation, au moins depuis le commencement du mois ; qu'il est même possible qu'il n'y soit pas rentré depuis une époque encore antérieure. et que, dès lors. il est sous le coup d'une certaine présomption légale qui demande que son état soit déterminé.

Il faut même ajouter que le même article 40 prévoit encore que l'immigrant. quelle que soit la décision prise à son égard, aura toujours la faculté de se faire conduire devant l'agent consulaire britannique.

Il n'est même plus question ici de l'indien qui n'est pas muni de son livret, puisque le règlement lui-même reconnaît des cas où cette circonstance ne dépend pas de sa volonté.

Ainsi l'article 17 stipule que le livret sera arrêté dans les 8 premiers jours du mois. Voilà déjà, chaque mois,

8 jours pendant lesquels l'engagiste peut légitimement détenir les livrets, en attendant qu'il ait le temps d'y apposer l'arrêté. En outre, l'article 118 § 6 autorise l'indien à s'absenter de l'habitation pour aller porter des plaintes ou des réclamations aux autorités compétentes. L'article 181 § 3 édicte une pénalité contre l'engagiste qui aura retenu le livret d'un immigrant, contrairement à la volonté de ce dernier. Il se peut donc que l'indien rencontré soit en mesure d'aller se plaindre précisément de ce qu'on ne veut pas lui rendre son livret. Alors si, parce qu'il « n'a point ce livret sur lui », il fallait l'arrêter et le livrer à la justice sous l'inculpation de désertion et de vagabondage, on lui rendrait, dans le cas, absolument impossible à exercer le droit qu'on lui reconnaît par ailleurs d'aller se plaindre. Ce n'est pas ce qu'a voulu la commission dont j'ai fait partie, au sein de laquelle toutes ces questions ont été longuement et pleinement débattues.

Il ne faut donc pas entendre simplement « l'indien qui ne justifie pas d'un livret », comme le dit M. Schœlcher ; mais bien, comme nous l'avons rédigé, « l'indien qui ne justifie pas d'un livret portant la mention du dernier arrêté. »

La formule est indivisible.

Et cela est si vrai que l'ancien projet de 1881 — dont M. Schœlcher parle quelque part, et qui est le même que la commission de 1885 a encore amélioré — disait que l'immigrant serait toujours « porteur » de son livret ; nous avons préféré, pour éviter toute confusion, adopter une autre formule, autrefois indiquée par M. Alexandre Isaac : l'immigrant, avons-nous dit, sera toujours « détenteur » de son livret. Cela veut dire seulement que l'engagiste n'a pas le droit de le retenir : laisser le livret aux mains de l'engagé a été l'une des améliorations les plus réclamées et les plus difficilement acquises dans la législation du livret en France même. — Le reste de l'article précise, comme je viens de le dire, que l'engagé n'est pas astreint à l'obligation quand même d'être toujours muni de son livret, sous peine... Ce qu'il fallait démontrer.

Je prierai donc M. Schœlcher de rabattre quelque peu de sa sévérité contre un projet un peu long, qu'il a peut être imparfaitement lu, et contre un rapporteur dont il me paraît oublier trop vite le caractère.

A propos du livret des indiens, M. Schœlcher fait allusion à une proposition de loi, dont l'honorable M. Martin Nadaud a été le rapporteur, laquelle tend à « abroger la loi du 22 juin 1854... et l'article 12 du 13 février 1852 sur les obligations des travailleurs aux colonies, et toute autre disposition de lois ou décrets relatifs aux livrets d'ouvriers. »

Ah ! cette loi du 22 juin 1854, et celle du 14 mai 1851 et le décret du 30 avril 1855 qui les complète ! J'aurais bien aimé à entendre M. Schœlcher en exposer quelques prescriptions, à côté des sévérités de notre réglementation. Il aurait ainsi, avec son grand esprit et sa critique si juste et si sûre, complété la leçon de libéralisme qu'il a bien voulu donner à notre malh... reux pays. Il aurait, assurément, étonné plus d'un de nos compatriotes en leur apprenant certaines dispositions de ces lois françaises. Par exemple, l'obligation du livret pour un si grand nombre d'ouvriers ; — les formalités compliquées qui entourent la délivrance et l'usage des livrets : — l'intervention même de la police dans la délivrance et le visa des livrets ; — l'obligation pour les patrons de ne donner de l'ouvrage qu'aux ouvriers dont le livret est en règle ; — le droit pour le patron d'inscrire, lorsque l'ouvrier le quitte, au livret de celui-ci, le montant des avances restées dues, jusqu'à concurrence de 30 fr., pour être prélevées par dixième sur le salaire que l'ouvrier touchera d'un second patron ; — les pénalités qui frappent les contraventions a ces règles ; — l'obligation pour l'ouvrier de présenter son livret à toute réquisition des agents de l'autorité ; — la constitution du livret en passeport à l'intérieur, moyennant un visa exprès ; et ce visa indique toujours une destination fixe et ne vaut que pour cette destination, et il n'est accordé que sur mention de l'acquit des engagements ; etc.

Et ce n'est pas tout. En vertu des articles 2 de la loi du 22 juin 1854 et 13 du décret du 30 avril 1855, la Préfecture de police a maintenu, jusqu'à nos jours, les prescriptions de ses anciennes ordonnances, qui enchérissent encore sur ces sévérités. Elle prescrit, par exemple, que tout ouvrier qui vient à Paris chercher du travail doit, dans les trois jours de son arrivée, se présenter à la Préfecture de police pour faire viser son livret, et qu'à chaque changement d'atelier, les ouvriers sont tenus d'aller chez le commissaire de police de leur quartier faire viser la signature de leur dernier patron et la signature de leur nouveau patron (Ordonnances des 1er avril 1831 et 30 décembre 1834).

Et dans plusieurs grandes villes, les autorités locales ont imité la Préfecture de police.

Et cependant, dès 1846, M. Beugnot, dans un rapport à la Chambre des Pairs, disait ceci : « Les ouvriers réclament vivement, et depuis longtemps, contre les formalités du visa, qui leur font perdre un temps précieux et les assimilent, disent-ils, à des condamnés libérés, sur lesquels l'œil de la police doit rester ouvert. »

Voilà donc quelles vexations M. Nadaud a proposé de supprimer. Certes tous les républicains, même dans notre pays, applaudiront de grand cœur à la chûte de cette étonnante législation, qui soumet, en France même, des groupes nombreux de citoyens français, — et non pas d'étrangers, — à une situation inférieure au droit commun, ou plutôt qui leur crée un droit à part et en fait des espèces de coolies.

Mais M. Schœlcher ajoute qu'il « n'est pas possible de dire que la loi Nadaud ne profitera qu'aux ouvriers créoles et non aux immigrants, puisque cette loi vise précisément l'article 12 du décret du 13 février 1852, spécialement fait pour eux. »

Cette assertion, dans ces termes, me paraît contestable. Le décret du 13 février 1852 n'est pas fait « spécialement pour les immigrants », et son article 12, il faut le dire, encore moins que le reste.

Je le prouve.

Le titre même du décret du 13 février 1852 porte, il est vrai, sur « l'immigration des travailleurs dans les colonies » : mais aussi sur « les obligations respectives des travailleurs et des propriétaires », sur « la police rurale et la répression du vagabondage ».

Les considérants qui l'appuient, outre ce qui a trait à l'immigration, disent que « depuis l'abolition de l'esclavage, l'expérience a fait connaître la nécessité de régler les rapports des propriétaires avec les travailleurs », et que « la police rurale et la répression du vagabondage aux colonies réclament diverses mesures conciliables avec la liberté. »

Il n'y a rien là de « spécial » aux immigrants. La police rurale, la répression du vagabondage, l'abolition de l'esclavage, ne sont pas « spéciales » aux immigrants.

En outre, l'article 12 dont on parle s'applique, je le répète, bien plutôt aux indigènes qu'aux immigrants.

M. Schœlcher a écrit quelque part :

« La commission coloniale de 1849, sortie de la réaction qui commençait à préparer l'empire, ne se crut pas permis cependant de forcer les nouveaux affranchis à contracter des engagements de travail d'une année *au moins* ; mais, afin d'atteindre le même but, elle se fit une arme de l'aversion qu'elle leur connaissait pour le livret : elle en exempta ceux qui souscriraient des engagements à long terme. » (Article sur l'arrêté Gueydon)

C'est sans doute la même pensée, le même esprit qui a inspiré le décret du 13 février 1852 et son article 12. Cet article 12 est ainsi conçu, textuellement :

Tout individu travaillant pour autrui, — soit à la tâche — ou à la journée, — soit en vertu d'un engagement de moins d'une année, — tout individu attaché à la domesticité doit être muni d'un livret. —

Or généralement ni l'indien n'est attaché à la domesticité, ni il ne contracte d'engagement de moins d'un an, ni il ne travaille a la journée, ni il ne travaille à la tâche. Le travail à la tâche, s'il y recourt, c'est exceptionnellement, et ce n'est alors qu'un mode de règlement de son salaire durant son engagement. Et son engagement est à long terme. Et le même décret le prévoit, de reste, puisqu'il porte ceci, à l'article 2 : « Après l'expiration du *nombre d'années* qui sera déterminé par le règlement à intervenir, l'immigrant aura droit au passage de retour. »

Et le règlement intervenu, — spécial, celui-ci, aux immigrants — stipule que ce « nombre d'années » sera de cinq, pour la Guadeloupe. (Décret du 27 mars 1852)

L'arrêté local du 17 mai 1852, rendu par application du même article 12 § 3, lequel renvoyait au gouverneur le soin de déterminer « la forme des livrets et les règles à suivre pour leur délivrance » — précise « l'obligation, pour tout individu en état de travailler pour autrui, de se munir d'un livret, *à défaut* d'un engagement de travail pour une année au moins. » (art. 1ᵉʳ)

Il indique déjà les énonciations à faire au livret, lesquelles sont conformes à la législation française.

L'arrêté local du 23 octobre 1853, rendu par application du décret du 4 septembre 1852, lequel renvoyait également au Gouverneur le soin de statuer sur les « droits et obligations résultant des livrets » établit que toute personne qui voyage hors de sa commune devra être munie d'un passe-port, ou d'un certificat d'engagement, ou d'un livret en règle. (art 15)

Tout cela prouve surabondamment que le contrat d'engagement, sur lequel le certificat est délivré, ne s'applique pas aux mêmes personnes que le livret créé par le décret du 13 février 1852.

Contrat, certificat : engagement à long terme ; — livret : engagement de moins d'un an. Voilà la formule. Ce n'est que par une erreur, qu'explique seule une lecture inattentive de l'article 12, qu'on a pu songer à y voir l'origine et la création du livret de l'immigrant. La législation du livret n'a été appliquée aux immigrants que par un arrêté local du 3 avril 1855. Le livret de l'immigrant, qui remplaçait alors le certificat d'engagement créé déjà par l'arrêté du 17 mai 1852, s'appela d'abord « carnet », pour le distinguer des autres livrets. Les propriétaires d'abord parurent même peu disposés à favoriser la distribution de ces carnets de travail. Et l'administration dut en prescrire la délivrance à titre gratuit. (Circulaire du 29 janvier 1856)

« La principale objection que présentent les habitants, dit cette circulaire, est que le décret du 13 février dispense les cultivateurs étrangers du carnet, qui ne diffère du livret que par la dénomination qui lui a été donnée. »

L'arrêté modificatif du 24 septembre 1859 supprima le carnet ; il le remplaça par le « bulletin d'immatriculation » qui tenait lieu de passe-port à l'intérieur (art. 19) et par le « règlement de compte », extrait du registre de l'habitation, que l'engagiste était tenu de remettre, chaque semestre, à l'engagé. (art. 28) Ce règlement de compte, qui faisait foi pour la supputation des salaires et des journées fournies, avait, sur le livret, cette infériorité grave qu'il ne soumettait aux yeux de l'immigrant que de loin en loin sa propre situation En outre, ce même arrêté, plaçant les immigrants dans la colonie sous le régime des décrets spéciaux des 13 février et 27 mars 1852, astreignit au livret l'immigrant qui, à l'expiration de son engagement, s'était réservé le bénéfice d'une année pour son option. (art. 35)

L'arrêté du 19 février 1861 maintint toutes ces mêmes dispositions.

La convention internationale de juillet 1861 a donné pour base à tous les règlements appliqués aux indiens dans les colonies françaises, le règlement de travail de la Martinique. (Arrêté de 1855) Ce règlement comporte l'obligation du livret pour les engagements à court terme, et du certificat d'engagement pour les engagements d'une année au moins.

Un nouvel arrêté local du 20 mars 1875 a formellement rétabli, pour tous les indiens indistinctement, le livret, sous le nom de carnet d'engagement.

Je n'ai rien négligé pour montrer que l'article 12 du décret du 13 février 1852 n'est pas « spécialement fait » pour les immigrants ; que le livret des immigrants a été établi, au contraire, par des textes étrangers à ce décret ; que, dès lors, l'abrogation de l'article 12 ne touche point la situation des immigrants, — et partant qu'on ne pourrait dire, comme le dit M. Schœlcher, que la signature de la réglementation est une « violation flagrante d'une loi future. »

M. Schœlcher ajoute :

Notons, pour finir sur le livret, que le Conseil général de la Guadeloupe a oublié que sa nouvelle règlementation constitue aussi une violation de l'article 23 de la convention du 1er juillet 1861, passée entre la France et l'Angleterre et promulguée à la Martinique par un décret du 10 août suivant. Cet article 23 dit : « Le règlement de travail *des immigrants* à la Martinique ser- « vira de base à tous les règlements des Colonies françaises « dans lesquelles les immigrants Indiens, sujets de Sa Majesté « Britannique, pourront être introduits.

« Le gouvernement français s'engage à n'apporter à ce règle- « ment aucune modification qui aurait pour conséquence, ou « de placer lesdits Indiens dans une position exceptionnelle, « ou de lui imposer des conditions de travail plus dures que « celles stipulées par lesdits règlements. »

La Martinique ayant, à son grand honneur, aboli le travail forcé en supprimant l'immigration, la Guadeloupe commet une irrégularité qui peut lui susciter des embarras lorsqu'elle ne se modèle pas, en cette matière, sur la législation de la colonie-sœur.

Cette interprétation est neuve ; mais n'en est pas moins discutable. Elle soumet formellement l'existence et la continuation de l'Immigration, dans toutes les colonies françaises, aux mesures prises à ce sujet dans la seule colonie de la Martinique ! La Martinique, en supprimant chez elle l'Immigration, — ce en quoi elle n'a pas tort. — la supprimerait *ipso facto* non-seulement à la Guadeloupe, mais à la Guyane, à la Réunion etc., etc. Ce en quoi il me paraît difficile que M. Schœlcher ait raison. Toutes nos colonies devraient « se modeler, en cette matière, sur la législation de la Martinique », sous peine de commettre une « irrégularité qui peut leur susciter des embarras ! » Et comme le même règlement de travail doit servir de modèle à toutes les colonies dans lesquelles les immigrants indiens sujets anglais pourront être introduits, (art. 25 de la convention), voilà, par le seul fait de la Martinique, l'Immigration indienne d'avance et à jamais fermée pour toute colonie française qui pourrait en avoir besoin.

Voilà même caduc et de nul effet l'article 24 de la convention, qui stipule la possibilité d'appliquer ultérieurement cette dite convention à toute colonie française ; voilà que la Martinique, en croyant faire ses affaires, entrave à l'avance celles de toutes les autres colonies !

Par ces seules conséquences, peut-être imprévues, mais à coup sûr rigoureuses, l'honorable M. Schœlcher doit voir que sa théorie mérite d'être abandonnée.

Mais il y a plus.

Je note d'abord qu'il ne s'agit ici, en réalité, d'aucun « règlement de travail *des immigrants*. » L'article 23 de la convention désigne uniquement et expressément « le règlement de travail de la Martinique », et non point le règlement de travail « des immigrants à la Martinique. »

Le lecteur est prié de ne pas s'y méprendre.

Ce règlement de travail de la Martinique n'est autre que le trop fameux arrêté du 10 septembre 1855.

Cet arrêté, fait spécialement en vue des travailleurs créoles, — je l'ai déjà dit. — avait édicté contre eux l'obligation de justifier d'un travail habituel, soit par le *certificat* d'un engagement d'une année au moins, soit par le *livret* pour les autres conditions de travail.

Or je connais encore une certaine autre théorie, qui a été également publiée quelque part, laquelle s'appuie précisément sur l'article 23 pour affirmer que, du moment où le règlement de travail n'est plus appliqué aux travailleurs créoles, pour lesquels il a été fait, il n'est plus applicable aux travailleurs indiens, sous peine d'illégalité.

Si cette théorie devait être admise, ce ne serait pas d'aujourd'hui que l'article 23 aurait été violé. car ce n'est pas d'aujourd'hui que cet arrêté est tombé en désuétude à la Martinique même et que son esprit, sinon son texte, ne survit plus, en partie, du moins, que dans les règlements d'indiens.

A la Guadeloupe, l'arrêté du 2 décembre 1857, calqué plus ou moins sur celui de la Martinique, d'après les instructions ministérielles, a été abrogé dans ses principales sévérités en 1873. L'arrêté du 14 mars 1873, à son tour, qui maintenait le livret, — lequel ne devait être délivré désormais que sur « la demande expresse d'un employeur, » — n'a pas tardé lui-même à tomber dans l'oubli. De sorte que de tout ce régime exorbitant, contre des gens du pays, vivant assidûment dans leur pays et dans leurs familles, un grand nombre de prescriptions n'ont guère jamais été appliquées ou ont été promptement perdues de vue, à la Guadeloupe. Pendant ce temps, les immigrants n'en restaient pas moins soumis à une réglementation spéciale.

Et pourtant le gouvernement britannique, toujours si jaloux des droits que lui confère la convention internationale, n'a jamais fait, de ce point, l'objet d'aucune de ses réclamations, même les plus précises.

Une autre observation. Dans les colonies où le « règlement de travail de la Martinique » n'a jamais été appliqué aux indigènes, quel serait le régime des immigrants ? Car, dans le temps même que l'arrêté de 1855 était en vigueur à la Martinique, il y avait cependant des colonies qui ne l'appliquaient point à leurs travailleurs indigènes. Et maintenant, si, comme veut le démontrer l'honorable M. Schœlcher, les autres colonies étaient en effet, tenues de se « modeler sur la législation de la Martinique à l'égard des indiens, » il en résulterait que celles même qui n'auraient pas de règlement du travail indigène devraient appliquer à leurs immigrants la législation en vigueur à la Martinique, laquelle, dans l'hypothèse, serait encore l'arrêté du 10 septembre 1855. Dès lors, dans ces colonies, ne voit-on pas que les indiens et les indigènes seraient respectivement soumis à des régimes différents ? Ce que M. Schœlcher condamne, par ailleurs. On saisit la contradiction.

J'insiste encore, et j'ajoute que si l'article 23 devait être entendu comme le veut M. Schœlcher, il serait en contradiction flagrante avec tous les autres articles de la convention même et avec toutes les dispositions, les mieux établies et les plus régulières, relatives au recrutement des indiens, lequel se fait, comme chacun sait, sous le contrôle et avec le concours des autorités anglaises.

Je m'explique.

Le régime établi par l'arrêté du 10 septembre 1855 ne comporte pas seulement l'obligation du livret.

M. Schœlcher le sait mieux que personne, pour en avoir fait, un temps, la judicieuse critique, dans son article sur « l'arrêté Gueydon. »

Mais ce régime, en dehors du livret et par opposition au livret (qui concerne les engagements de moins d'une année) impose l'obligation d'engagements à long terme. Voici l'alternative : ou le livret ou le contrat d'engagement.

Or si de ce qu'un pareil régime, ainsi défini, ne constitue plus le droit commun, il s'ensuive, comme le dit M. Schœlcher, la suppression du livret pour l'immigrant, il devrait s'ensuivre également, pour lui, la suppression des autres obligations, et, par conséquent, du contrat d'engagement lui-même, supprimé pour l'indigène.

Eh bien ! toute la convention est basée sur le contrat d'engagement, et d'engagement à long terme

L'article 1er autorise le Gouvernement français à recruter et « engager » des travailleurs indiens pour les colonies françaises. L'article 6 défend l'embarquement d'aucun sujet britannique si l'on n'a constaté, au préalable, qu'il a une connaissance parfaite du « contrat qu'il a passé ». L'article 7 dispose que les « contrats de service » seront arrêtés dans l'Inde. L'article 8 vise les stipulations qui devront figurer aux « contrats ». L'article 9 fixe la durée maxima de « l'engagement ». Bien plus, il limite à de certaines conditions expresses le droit de résidence dans la colonie « sans engagement ». Il prévoit le renouvellement de « l'engagement ». En somme, l'article 9 de la convention ne reconnaît que deux conditions à l'Immigrant indien : l'engagement — ou le permis de séjour sous conditions. L'article 11 établit qu'au départ de l'Inde, les « contrats » seront communiqués aux agents anglais. L'article 19 stipule qu'il sera donné avis à l'agent consulaire anglais dans la colonie d'arrivée, des naissances et décès survenus « durant l'engagement ». L'article 20, en proclamant pour l'indien le droit d'invoquer l'assistance des agents consulaires, réserve expressément les « obligations résultant de l'engagement. » L'article 21 accorde aux immigrants frappés d'invalidité incurable le droit au repatriement, quel que soit le « temps de service qu'ils devraient encore. » L'article 3 renvoie, pour le recrutement, aux règlements appliqués aux travailleurs à destination des colonies britanniques. Or quels sont ces règlements ?

L'acte VII de 1871 du Gouvernement de l'Inde sur l'émigration dispose dans son article 27 :

Que l'émigrant comparaîtra, avec son recruteur, devant l'agent britannique ; et que ce magistrat examinera le futur émigrant au sujet de « son engagement », et s'il en résulte que celui-ci comprend la nature de « l'engagement qu'il a contracté » et qu'il est « disposé à le remplir, » le magistrat enregistrera sur un livre tenu à cet effet :

1° le nom, l'âge de l'émigrant. . .
. . . .
4° le « taux des salaires » et le « temps de service convenu » entre l'émigrant et le recruteur.

En outre, le même acte édicte, dans son article 73, des pénalités sévères

Contre quiconque aura amené tout natif de l'Inde à partir, même pour un endroit où l'émigration est légale, « sans avoir passé de contrat. »

Ainsi, si la désuétude ou l'abrogation du règlement de travail de la Martinique doit amener l'abolition du livret de l'immigrant, elle doit, aussi, forcément amener l'abolition du contrat d'engagement ; et l'abolition du contrat, c'est le renversement de toute la convention, c'est l'abolition de l'immigration indienne, que les autorités anglaises ne tolèrent pas « sans contrat. » Et c'est encore ce qu'il fallait démontrer.

ART 66. — L'engagé au profit de qui a été passé un contrat de travail peut le transférer à qui bon lui semb'e, avec le consentement de l'immigrant, et sans ce consentement, quand le transfert est fait en faveur du nouveau détenteur de la propriété.

M. Schœlcher proteste, en termes généreux, contre cette extrémité. Il faut reconnaître, toutefois, qu'elle est inscrite dans la convention internationale. En effet, l'article 21 de cette convention est ainsi conçu, textuellement :

Aucun travailleur, sans son consentement, ne sera tenu de changer de maître, à moins d'ê're remis à l'administration ou à l'acquéreur de l'établissement dans lequel il est occupé.

Et, en outre, cette même convention ordonne (art. 8) que les contrats d'engagement portent « la copie textuelle » de ce même article 21, qui contient cette clause, en ce moment contestée ; et cet article et cette clause se trouvent, en effet, textuellement reproduits en tête de tous les contrats d'engagement.

Cela n'a pas empêché que j'ai « vivement » protesté. M. Schœlcher me rend cette justice. — Il est vrai que, depuis, son propre journal, et à ce même propos, l'a presque blâmé d'avoir été assez « indulgent » pour être juste.

Les défenseurs du système se sont prévalus contre moi des principes mêmes de la convention de 1861. Ma proposition, mise aux voix, a été repoussée. Et elle devait l'être. Pendant que je combattais, à peu près seul, à tâcher de faire pénétrer dans cette règlementation « un esprit plus en rapport avec notre libéralisme républicain, » quatre ou cinq collègues, conseillers généraux, intelligents sans doute, républicains, assurément ! assistaient impassibles à mes défaites, s'enveloppant dans une abstention stoïque. Car la réflexion toute juridique de M. Dufond que cite M. Schœlcher et qui aurait pu m'être d'un grand secours dans mon argumentation, ne s'est produite que plus tard, après coup, après le vote émis, après le « moment psychologique passé » — trop tard ! (Procès-verbaux p. 292)

Et si cependant, ils avaient voulu prendre part au vote, cette disposition du règlement, quoique conforme aux principes de la convention, — et bien d'autres avec elle, — n'auraient pas été admises. Ils ont préféré se taire et me laisser personnellement subir l'échec. Il est vrai que M. Schœlcher les appelle aujourd'hui ses « amis. » Cela fait sans doute compensation.

Art. 77 § 3. — L'immigrant qui, à l'expiration de son contrat, a opté pour le repatriement et qui se trouve en expectative de départ, doit justifier d'un travail habituel.

M. Schœlcher critique cette disposition.

Ces hommes, dit-il, qui ont rempli leurs devoirs de travail pendant cinq années, ces hommes que l'on retient contre leur droit et leur gré, l'article 77 les force à fournir 4, 5 années de travail de plus. Est-ce juste ?

L'article 77 n'est pas cruel à ce point.

L'article 156, sur le repatriement, dispose, au contraire, que les travailleurs immigrants ont droit à leur repatriement gratuit à l'expiration de leur engagement ou réengagement. Et l'article 159 ajoute que l'indien qui a opté pour le repatriement est « immédiatement » mis à la disposition du protecteur qui lui fixe sa situation « jusqu'au jour où avis lui est donné de se rendre au dépôt pour y attendre l'accomplissement des formalités de l'embarquement. »

Ce jour ne peut être attendu indéfiniment, à moins de graves abus, qu'il s'agissait précisément de réparer. M. Schœlcher m'oppose ici un article du *Progrès*, du 12 décembre 1882, où j'écrivais :

« Les Indiens, fatigués de l'attente du repatriement, qui ne dure pas moins de quatre ou cinq ans, vont grossir la masse des mécontents, des vagabonds et des incendiaires. »

Il s'agissait, — il faut le dire, — lorsque j'écrivais cet article, de protester contre les habitudes de l'ancienne administration, et contre les injustes et étranges colères soulevées, dans le monde des engagistes, par le projet de repatriement dû à M. Alexandre Isaac, alors Directeur de l'Intérieur.

Lorsque M. Alexandre Isaac entreprit ce projet de repatriement, qui lui causa personnellement tant de déboires (affaires *Onc'-Félix* et *Joramur*) il y avait quatre ans que l'administration précédente avait négligé de songer au repatriement des immigrants. C'est cette négligence, qui fut autrefois à l'ordre du jour, mais dont la règlementation, et surtout la nouvelle, ne saurait être responsable, — qui explique comment, en décembre 1881, il restait encore 1300 indiens, — non pas « en expectative de départ » comme l'entend M. Schœlcher, — non pas ayant demandé leur repatriement, — mais ayant droit à l'option.

Or il arrive toujours que, sur tous les Indiens dont le droit au retour est établi, un certain nombre consentent à prolonger leur séjour dans la colonie, qui leur offre de sérieux avantages, et qu'au moment du départ du convoi, la moitié du contingent ne se présente pas. (*Conseil général.* Pages 313 et 314 des *Procès-verbaux* de 1884.)

Il s'agit précisément, depuis l'avènement des administrations républicaines et sous les auspices de la nouvelle règlementation, d'assurer aux indiens un repatriement régulier. Depuis décembre 1884, nous avons eu trois convois de repatriement, qui ont emporté 1800 immigrants. Ceux-ci n'ont donc pas attendu quatre et cinq années. D'ailleurs, depuis longtemps, l'administration de M. Alexandre Isaac et de ses successeurs, et le Conseil général, d'accord, avaient demandé au ministère une entente avec les compagnies intéressées, pour permettre le repatriement de l'indien par des paquebots à vapeur, aussitôt après son option.

Jusqu'à présent, nulle solution favorable n'est intervenue.

M. Schœlcher, pour insister plus encore sur ce point, s'exprime ainsi :

A ceux qui nous trouveraient trop absolu, nous demandons ce qu'ils diraient si, ayant bien rempli non pas même pendant cinq ans, mais pendant cinq semaines, toutes les obligations d'un contrat qu'ils auraient signé, on prétendait leur imposer les mêmes obligations pendant cinq années ou cinq semaines de plus, sous prétexte qu'il en coûterait trop cher pour les remplacer!

Ce prétexte serait « raide », comme dit M. Schœlcher lui-même « en langage vulgaire. » Ce serait une « véritable énormité. » Mais je ne vois pas que la réglementation que j'ai écrite comporte rien de semblable. Elle est faite plutôt pour empêcher cela. Je n'ai donc pas à le discuter.

Il est évident toutefois qu'avec la meilleure volonté du monde, — à moins d'avoir à sa disposition le moyen des paquebots réguliers, — des opérations de la nature de nos convois de repatriement ne peuvent s'organiser du jour au lendemain ; qu'il y a toujours, malgré la plus grande célérité possible, un délai moral, des lenteurs naturelles, qu'on ne peut éviter ; que, quoi qu'en dise M. Schœlcher, depuis le temps que l'immigration existe, les indiens savent très-bien toutes ces conditions, ce qui n'empêche pas bon nombre d'entre eux de revenir encore s'engager dans nos colonies après leur repatriement ; et que vouloir enfin nous imposer le repatriement des immigrants immédiatement après leur option, lorsque, malgré toutes nos demandes et toutes nos démarches, nous n'en avons pu obtenir les moyens matériels, c'est nous acculer à une impossibilité, et qu'il vaut mieux alors rejeter le principe plutôt que de le concéder et d'en contrarier, autant qu'on peut, l'application.

M. Schœlcher s'élève aussi avec force contre la justification d'un travail habituel demandée à l'immigrant même en expectative de départ. « Que devient, dit-il, alors sa liberté qu'il a reconquise ? »

M. Schœlcher est sans cesse préoccupé des souvenirs

de l'esclavage. L'indien est un engagé, il n'est pas un esclave. Il n'a rien perdu. Il n'a rien à reconquérir. Tant que dure son séjour dans nos colonies, il se trouve placé dans une situation à part, et soumis à un « droit » spécial.

D'abord il a été introduit, en principe, pour travailler. On pourrait lui appliquer ce que M. Schœlcher disait, en 1848, du travailleur, en général : qu' « au point de vue de la culture, il est, si l'on ose s'exprimer ainsi, un instrument de travail au profit du propriétaire. » (*Procès verbaux de la commission d'abolition, page* 250.) Seulement c'est ici un instrument de travail importé. Comme tel, il est astreint à l'engagement. Son engagement terminé, il ne s'agit pas pour lui d'entrer purement et simplement dans le droit commun ; il n'en reste pas moins un étranger et tombe tout naturellement sous le droit ordinaire des étrangers. L'arrêté local du 14 mars 1873 définit très-nettement ce double état de l'indien. Il est « réputé » immigrant, lorsqu'il est muni d'un engagement de travail d'au moins une année. L'engagement expiré, il n'est pas un esclave libéré ; mais il garde, je le répète, son caractère d'étranger ; il suit la condition de tous les étrangers, dont le libre séjour dans la colonie est subordonné à une autorisation spéciale de l'autorité.

Dans tous les pays du monde, en France, comme ailleurs, l'étranger subit une situation plus ou moins précaire : il ne partage pas le pur droit commun des natifs : certaines exceptions le frappent et le diminuent.

En ce qui nous concerne, la convention internationale, qui est le véritable code de l'Immigration, — et d'accord en ceci, du reste, avec nos décrets et nos arrêtés, — n'admet à résider dans la colonie sans engagement que les indiens qui en ont obtenu, dans des conditions déterminées, la faveur et l'autorisation expresses.

Art. 90. — Il sera fourni annuellement à l'engagé deux rechanges, composés : pour les hommes de deux chemises, deux pantalons, un chapeau ; pour les femmes, de deux chemises, deux robes et quatre mouchoirs de tête.

M. Schœlcher se récrie vivement. « Est-il convenable, dit-il, de vêtir aussi misérablement des hommes et des femmes ? Est-ce respecter la décence publique ? » M. Schœlcher oublie un détail, cependant essentiel. Ce détail, le voici : le salaire de l'indien, — au texte de

tous les actes qui, depuis le principe, ont régi la matière,
— est obligatoirement composé d'une part en espèces et
d'une part en nature.

La part en espèces est fixée 12 fr. 50 par mois. La
part en nature consiste : dans la fourniture du logement,
des aliments en quantité déterminée, des vêtements,
des outils de travail, renouvelés au compte de l'engagiste, des soins médicaux. Ces termes se complètent les
uns les autres. Ils sont inséparables. La fourniture des
deux rechanges n'est que le complément du reste ; et
ce n'est évidemment, dans l'esprit même des textes,
qu'un minimum.

Étant logé, nourri, soigné, pourvu des outils nécessaires, l'immigrant qui travaille peut trouver dans son
salaire, tout mince qu'il est, les moyens de compléter
son habillement. Ce qui se vérifie, d'ailleurs. Et notez
— ceci n'est pas non plus indifférent : — qu'il a « le
bonheur de vivre dans un pays où, comme dit M.
Schœlcher lui-même, une chemise et un pantalon de
toile peuvent servir de vêtement pour toute l'année, »
et où l'on peut « pourvoir à toutes les nécessités de la
vie, avec le salaire de deux jours de travail par
semaine. » (Brochure sur l'*arrêté Gueydon,* page 27.)

Dans ces conditions, bon nombre d'indiens — de bons
sujets évidemment — parviennent à se créer certaines
économies, qui leur permettent quelquefois de s'établir
avantageusement dans la colonie même, ou bien, le plus
souvent, d'acheter, de retour dans leur pays, un terrain
qu'ils cultivent alors en propriétaires.

C'est ainsi que, sur les quatre derniers convois de
rapatriement partis de la Guadeloupe, 500 indiens
environ ont versé au Trésor, avant leur départ, et pour
leur être remboursée à l'arrivée, une somme qui n'est
pas moindre de 220,000 fr. ; sans compter, bien entendu, les sommes, non déclarées et restées inconnues
qu'ils ont emportées en espèces métalliques pour béné-
ficier de la prime très-élevée que les monnaies d'or
obtiennent sur les marchés de l'Inde.

Il n'y a donc à « affliger nos regards par le spectacle
de misères déplorables » et par « l'état repoussant de
leurs guenilles » que ceux qui se soustraient aux obligations du travail ou qui sont victimes de la rapacité
sans conscience de certains engagistes. Malheureusement le nombre des premiers est considérable. Et l'on
peut se demander, en effet, étant donné que les prestations en nature leur sont dues qu'ils travaillent ou

non, parce que l'engagiste ne peut enfin les laisser périr, si ce mince salaire en espèces est un appat suffisant pour vaincre le charme que la fainéantise a pour beaucoup d'engagés. Mais c'est là encore l'un des vices du système, qui en a tant. La part en espèces ajoutée aux prestations en nature, régulièrement et consciencieusement fournies, cela constitue un salaire total qui n'est pas inférieur, qui est plutôt supérieur même au salaire de l'indigène. Le salaire de l'indigène, payé uniquement en espèces, représente, sans en atteindre la valeur, l'ensemble des sommes d'argent et des prestations diverses assurées à l'indien. Mais quand l'indigène ne travaille pas, il ne touche aucun salaire ; de sorte qu'il perd alors et son argent et les moyens de se garantir le logement, la nourriture, le vêtement, les outils. Je ne parle guère des soins médicaux, parce que, en réalité, il trouve toujours quelque médecin charitable qui lui porte secours. Tandis que l'immigrant, je le répète, ne perd, par sa paresse, que 12 fr. 50 par mois ; tout le reste lui demeure assuré. On pourrait dire qu'il est une espèce de rentier d'un nouveau et mauvais genre.

Quant à ceux qui pourraient être victimes de la rapacité de certains engagistes, eh bien ! c'est précisément pour les y soustraire que les républicains du Conseil général ont voté la règlementation.

Ils ont pensé que la seule façon d'assurer à l'indien la protection qui lui est due, c'était encore de voter la règlementation, en l'améliorant.

Art. 93. — L'engagé recevra, à la fin de chaque mois, la totalité du salaire qui lui est dû. Toutefois, en cas de circonstances exceptionnelles, le protecteur des immigrants pourra autoriser l'engagiste à retarder d'un mois le paiement, sans que ce délai puisse être dépassé.

Il y a là d'abord une certaine amélioration des anciens textes et des termes mêmes du contrat d'engagement. Ces textes et ce contrat établissent que le salaire ne sera dû qu'après 26 jours de travail effectifs et complets. Nous avons voulu, au contraire, que le règlement fût fait chaque mois, et l'indien, payé, quels que fussent le nombre de journées de travail et le montant du salaire gagné. Cela n'est pas sans importance et sans avantage pour l'engagé.

En ce qui concerne les facilités de paiement accordécs : « ceci, dit M. Schœlcher, est trop à l'avantage de l'engagiste et trop au désavantage de l'engagé. »

L'avantage n'est pas aussi exclusif qu'il le paraît.

Il est peut-être utile de rappeler que cette même clause a été adoptée, dans les mêmes termes, par le conseil d'État, pour la Réunion.

Il convient de remarquer aussi, sans doute, que ces facilités de paiement résultent de l'organisation même du commerce et du crédit dans notre pays, et que la nécessité d'y avoir recours ne prouve nullement la faillite de l'engagiste.

Tel habitant, au contraire, entretient, par exemple, un atelier de 50 ou de 100 indiens. C'est 600 ou 1200 fr. de salaires à payer régulièrement chaque mois. Mais c'est aussi une production de 150 ou de 400 barriques de sucre. A moins de cela, la règlementation ne permet pas des ateliers aussi considérables.

Or sur une telle production, cet habitant a consigné chez son commissionnaire 10,000. 20,000 fr. de sucre, ou davantage.

Mais les ventes sont momentanément suspendues ; il n'y a pas de demandes ; pas de chargements ; partant, pas de règlement possible.

On ne peut cependant pas dire, évidemment, que ce propriétaire soit incapable de répondre de 1200 fr. On ne peut non plus les exiger de lui immédiatement : ses ressources ne sont pas réalisées. Lui accorder un délai, ce n'est pas mettre en péril cette minime créance. Encore ce délai n'est consenti que dans des circonstances absolument exceptionnelles ; et ce n'est pas l'engagiste lui-même qui est juge de ces circonstances, mais bien le protecteur des immigrants, qui, seul, est appelé à les connaître et à les apprécier et qui juge si ce délai peut être profitable à l'engagé même. Car que ferait-on de l'engagé, sans cette disposition ? et que deviendrait-il ? Il ne faut pas oublier que, durant ce délai, le logement, la nourriture, les soins médicaux etc. ne cessent d'être assurés aux immigrants, dont les besoins, en dehors de cela, et dans un pays tel que le nôtre, sont peu considérables ; tandis que s'ils étaient repris à l'engagiste, c'est la colonie qui aurait à leur assurer et soins médicaux et nourriture et logement. Elle a ses dépôts, elle pourrait les y mettre. Mais qui les paierait ?

Notez encore que le protecteur, qui a autorisé ce délai et reconnu la créance des immigrants à ce moment, ne perd pas de vue l'habitation, puisqu'il pourra avoir bientôt à y intervenir de nouveau. En effet, l'article 100 dispose que : « le délai écoulé, le syndicat protecteur, sur l'avis motivé du protecteur, approuvé par le Directeur de l'Intérieur, peut poursuivre d'office la résiliation du contrat ou prendre toutes les mesures nécessaires pour assurer, par les voies de droit, et dans le plus bref délai possible, le paiement des gages dus aux immigrants. »

Art. 101. — N'est pas considéré comme travail l'obligation pour les immigrants de pourvoir, les jours de repos, par une corvée spéciale, aux soins que nécessitent la bonne tenue et la propreté des établissements, l'entretien des animaux et le service de la vie habituelle. Cette corvée ne doit pas excéder 3 heures et doit se terminer au plus tard à neuf heures du matin.

— « Abusif ! dit M. Schœlcher. Il est surprenant que nos honorables amis aient laissé passer cet article. »

Cet article, c'est pourtant l'article 10 de la convention, textuellement reproduit. et que la convention elle-même ordonne d'inscrire en tête des contrats. pour que nul n'en ignore. C'est un usage que les Anglais observent aussi bien chez eux et qui s'est établi ou maintenu parmi nous avec leur participation.

Mais, c'est une « tradition de l'esclavage » dit encore M. Schœlcher, et c'est là un « cas redhibitoire. »

Je connais cependant, en France même, la loi du 22 février 1851 relative aux contrats d'apprentissage, qui porte ceci, en son article 9 § 5 :

Dans le cas où l'apprenti serait obligé par suite des conventions ou conformément à l'usage, de ranger l'atelier aux dimanches et jours de fêtes légales, ce travail ne pourra se prolonger au-delà de 10 heures du matin.

Je connais encore, également en France, la loi du 3 juin 1874, sur le travail des enfants, qui porte également, en son article 6 :

Dans les usines à feu continu, les enfants pourront être employés la nuit ou les dimanches et jours fériés aux travaux indispensables.

Est-ce donc, en France aussi, une tradition de l'esclavage ?

Notez que le travail de l'apprenti n'est pas toujours rémunéré, mais souvent considéré comme compensation aux enseignements du maître.

Art. 118. — L'absence légale est celle qui se produit :

....

6° pour se rendre au Syndicat, au Consulat et au Parquet y porter des plaintes ou des réclamations qui auront donné lieu à une action administrative ou judiciaire.

« De sorte que, conclut M. Schœlcher, si la plainte est plausible et de bonne foi, mais ne peut donner lieu aux poursuites, l'indien sera puni comme coupable d'absence illégale ! »

Non ! parce que la suite du même article 118 réserve, à ce sujet, le sentiment de l'autorité administrative ou judiciaire, qui est appelée à prononcer sur le caractère de cette absence de l'indien et sur la conséquence qu'elle peut entraîner.

Les critiques de l'honorable M. Schœlcher redoublent à l'occasion des pénalités inscrites au projet de réglementation. Il signale surtout les articles suivants :

Art. 123. — Tout immigrant qui s'absente pendant plus de huit jours et moins de vingt jours de chez son engagiste, est réputé en état de désertion.

Art. 183. — Ce déserteur est puni d'une amende de 5 à 25 fr. et, en cas de récidive, d'un emprisonnement de un à cinq jours.

Si la désertion se prolonge au-delà de vingt jours, l'indien justifiant néanmoins d'un travail habituel, sera puni d'une amende de 25 à 100 francs solidairement avec l'engagiste qui l'aura employé.

Art. 167. — Tout immigrant qui ne justifiera pas d'un engagement régulier ou d'une dispense d'engagement... sera réputé en état de vagabondage et passible, conformément aux dispositions du Code pénal, d'un emprisonnement de trois à six mois.

Et pourtant toutes ces définitions, toutes ces pénalités ne sont que la reproduction du projet définitif de décret pour la Réunion. Et ce projet de décret, le conseil d'État lui-même l'a délibéré et adopté. M. Schœlcher ne l'ignore pas. Et ce projet du conseil d'État nous a été proposé par le ministère même à titre de modèle. Il n'a fait qu'adoucir les sévérités des règlements anglais. Et nous, en copiant ce modèle, nous l'avons encore amélioré.

Et, en effet, le conseil d'État, dans son projet pour la Réunion, constitue la « désertion » dès le quatrième jour d'absence (art. 117) et la rend punissable d'une amende de « 10 à 50 fr. » et d'un emprisonnement de « 1 à 15 jours. » Le conseil d'État ne fait pas la distinction de la désertion avec ou sans travail : dès là que la désertion atteint un mois, elle devient du vagabondage, et est punissable de 3 à 6 mois de prison, que l'indien travaille ou ne travaille pas.

Que pense aujourd'hui M. Schœlcher du projet du conseil d'Etat ? Il semble en avoir parlé, quelque part, avec moins de sévérité. Je le prouverai.

Mais M. Schœlcher conclut, de l'article sur le vagabondage, qu'un indien « libéré, parfaitement établi, qui n'aura pas voulu prendre une dispense d'engagement, sera réputé vagabond, et qu'on pourra voir un indien *patenté* (M. Schœlcher souligne patenté) condamné de trois à six mois de prison comme vagabond ! »

Je demande pardon à M. Schœlcher de le contredire encore. Mais cela ne pourra se voir, parce que le cas n'existe pas, parce que l'indien ne peut être « parfaitement établi », ne peut être « *patenté* » que s'il a obtenu, au préalable, son permis de séjour, sur requête au Gouverneur, en justifiant d'une conduite régulière et de moyens d'existence et en renonçant à son rapatriement. Et cela, parce que la Convention internationale le veut ainsi (art. 9). Et l'Indien ne l'ignore pas, parce que, encore, la même convention ordonne qu'on l'inscrive en tête de son contrat (art. 8) et qu'on lui donne, avant tout engagement, « connaissance parfaite » de ce contrat (art. 6).

Maintenant est-il utile de discuter la convenance et l'opportunité de ces formules tant critiquées ? Ferai-je remarquer combien il est impossible d'appliquer purement et simplement à notre indien engagé la définition légale du vagabondage ? Et cependant M. Schœlcher admettra bien qu'il y ait, dans l'état de l'indien, tels cas, tels faits qui doivent être « l'objet d'une règle d'ordre social, malheureusement nécessaire. » La difficulté pour appliquer à l'indien la formule pure et simple du Code Pénal se trouve, entre autres, dans la condition du domicile. Déjà, au sein de la commission d'émancipation de 1848, dont il était le président, M. Schœlcher avait aperçu cette difficulté, non pas même pour des étrangers qui ne tiennent à rien dans le pays, mais bien pour les nouveaux affranchis. Il disait alors : « La loi du vagabondage exige la condition du domicile, et aux colonies, le nègre pourrait être tenté d'aller prendre sa demeure sur quelque terre vague. Ce point doit être tout particulièrement prévu par la législation. » Et alors la commission, avec lui, et sous son instigation, votait que :

La prise de possession des terres vagues est formellement interdite.

Mais « comment établir cette interdiction ? dit alors le citoyen Gatine. L'action de s'établir sur la propriété d'un autre n'est pas un délit : elle ne donne lieu qu'à une poursuite civile. Si la possession n'a point un an de date, c'est une simple action possessoire, qui ressortit au juge de paix ; après un an, c'est une action pétitoire, qui relève du juge civil. Mais on peut décréter pour les colonies une loi *spéciale*, qui la fasse rentrer dans le ressort de la police. » Et le citoyen Gatine est prié de rédiger cette loi. (*Procès-verbaux de la commission d'abolition.* P. 120 et 121) Il la rédige, et la voici, telle que la commission et M. Schœlcher à sa tête l'ont adopté :

Art. 3. — Tout individu qui résidera sur des terrains vagues quelconques... sans en être usufruitier, fermier, locataire ou concessionnaire à aucun   e, sera expulsé de ces terrains par voie de police administra. e, et sera passible des peines portées en l'article premier.

Or les peines portées en l'article premier sont précisément les peines du vagabondage. (Décret du 27 avril 1848 *sur les ateliers de discipline*)

De sorte que M. Schœlcher, tout en s'opposant alors à toute aggravation de la formule du vagabondage proprement dit, tout en réclamant pour les colonies sur ce point : « le droit commun et l'application pure et simple du code pénal » (Voir *Procès-verbaux* p. 118) n'en crée pas moins ici, à côté du vagabondage, un délit nouveau, passible de peines correctionnelles et de mesures de police, et à l'usage exclusif des nouveaux affranchis : la résidence sur les terrains vagues ! — et tout en ne voulant pas que « ce nom de vagabond pût être donné à un homme qui, bien qu'établi illégalement sur la terre d'un autre, vivrait pourtant de son travail » (Voir *Procès verbaux* p. 140) — cependant il n'en soumet pas moins ce même homme aux peines du vagabondage. Il ne lui donne pas le titre, mais la chose.

Et dans le cas qui nous occupe, j'ai ici une observation, très-importante, à faire. A l'égard de l'indigène, du créole, la dénomination de « vagabond » a une gravité toute particulière, puisqu'elle peut le priver de ses droits politiques. Le décret organique du 2 février 1852, encore en vigueur, exclut, en effet, des listes électorales : les condamnés pour vagabondage ou mendicité. Mais en ce qui concerne l'indien, la chose est indifférente : il n'est pas citoyen, il n'a rien à perdre, sa condamnation n'a aucune signification ni aucune conséquence en dehors de la peine matérielle immédiate. Et dès là qu'on lui applique la pénalité du vagabondage, qu'importe en quelle qualité il la subit ? Or je puis donner l'assurance à l'honorable M. Schœlcher que les indiens condamnés en vertu de ces articles 123, 167, 183, ne sont ni plus intéressants ni plus honnêtes que les nègres établis, au lendemain de l'affranchissement, « sur les terres vagues. »

Et, d'ailleurs, comme le faisait judicieusement remarquer le citoyen Mestro, dans la commission : le vagabondage « résulte d'une définition légale, et ainsi on peut rendre plus ou moins rigoureuses les conditions d'où on le fait dépendre. » Ce à quoi, le citoyen Gatine, — que M. Schœlcher appelle quelque part « l'habile légiste de la commission » — ajoutait « que pour assurer l'exécution de la loi, le législateur a dû faire dépendre l'état de vagabondage d'une présomption légale ; que, du reste, dans la métropole, on n'a jamais fixé d'une manière précise la limite où le vagabondage commence ; que cela est laissé à l'appréciation des tribunaux. »

Quelle que soit notre formule, l'appréciation des cas appartient toujours aux tribunaux, aux magistrats, tant vantés par M. Schœlcher, lesquels appliqueront la loi avec tous les tempéraments que comporte la nature des choses.

Eh bien ! je le répète, la définition pure et simple du Code Pénal n'est pas applicable à l'indien en cours d'engagement. Cette impossibilité matérielle me conduisait, dans mon rapport, à ces observations, que je vais reproduire :

« Quelles sont, en effet, disais-je, les conditions du vagabondage, aux termes du Code pénal ?

Les vagabonds ou gens sans aveu sont ceux qui n'ont ni domicile certain ni moyen de subsistance, et qui n'exercent habituellement ni métier ni profession.

« Les termes d'une pareille définition peuvent-ils s'appliquer à l'immigrant indien, que la convention internationale elle-même soumet au régime de l'engagement obligatoire et n'admet à séjourner librement que sous autorisation spéciale et expresse ? Le seul fait d'être inscrit sur les livres d'une habitation et de reparaître même de temps en temps dans sa case suffirait-il pour lui constituer logiquement un *domicile* et le mettre en garde contre les dangers du manque de moyens de subsistance et du non-exercice habituel d'un métier ou d'une profession ? Evidemment non.

« Aussi le décret du 13 février 1852, qui n'était pas fait pour l'indien, qui visait tout autant les immigrants d'Europe que ceux d'autres pays et leur imposait également l'obligation du contrat d'engagement, avait déjà modifié cette formule.

Les vagabonds, disait-il, ou gens sans aveu sont ceux qui, n'ayant pas de moyens de subsistance et n'exerçant habituellement ni métier ni profession, ne justifient pas d'un travail habituel par un engagement d'une année au moins ou par leur livret.

« Mais qui ne voit que l'indien pourrait à la rigueur présenter son livret ou justifier d'un engagement d'une année au moins, sans pour cela se soumettre à un travail habituel ? C'est pour cela que nous vous proposons d'accepter la formule arrêtée déjà par les premières commissions qui ont élaboré le présent projet et imitée elle-même de la formule appliquée dans les colonies anglaises. Il y a dans la situation civile de l'indien dans nos pays un fait particulier, caractéristique, c'est l'obligation de l'engagement. Il y a une obligation qui ressort de celle-là, c'est l'obligation de remplir son engagement et de ne pas l'interrompre durant un temps notoire. C'est là qu'il faut chercher la définition du vagabondage pour l'indien. Et nous disons :

Est réputé en état de vagabondage tout immigrant qui ne justifie pas d'un *engagement* régulier ou d'une dispense d'engagement ».

Mais, dit M. Schœlcher, c'est la création d'un délit spécial, nouveau : le vagabondage par défaut de justification d'un engagement régulier ! J'ai déjà rappelé le « délit nouveau » qu'il créait en 1848 contre les nouveaux affranchis. Voici, en outre, ce qu'il a écrit quelque part, précisément au sujet du vagabondage :

« L'article 46, dit-il, de la loi coloniale de 1845 porte : Tout individu âgé de moins de 60 ans qui ne justifiera pas de moyens suffisants d'existence ou bien d'un engagement de travail, sera tenu de travailler dans un atelier qui lui sera désigné. Lors de la discussion de cette loi, M. Paul Gasparin demanda ce qu'on entendait par ces mots : *moyens suffisants d'existence*. M. Mackau, ministre de la marine, répondit : S'il est un pays au monde où il est facile de pourvoir à tous les moyens de l'existence, c'est dans les colonies. L'existence y est la chose du monde la plus facile ; le moindre travail peut y suffire. Ainsi, sur ce point, nulle inquiétude, etc., etc. »

Reproduisant et le texte et ces passages de la discussion et ces explications qui firent adopter la loi dans les termes que nous savons, M. Schœlcher poursuit :

« On ne fera passer ni les Passy, ni les Isambert, ni les Paul Gasparin, ni les amiral Mackau pour des hommes de désordre, des défenseurs de la licence, de l'oisiveté et des vagabonds. Ils ont maintenu là des principes essentiels, ces principes ont le radicalisme de la vérité et l'on ne pourra jamais y opposer que des sophismes » M. Schœlcher a écrit cela, il y a dix ans, dans un article au sujet de l'arrêté Gueydon. Je sais bien que ces éloges, presque pompeux, s'adressaient à l'interprétation que l'amiral Mackau donnait au texte de sa loi. Mais de quoi s'agit-il cependant ? A quel propos ces grands citoyens ont-ils donc, en effet, maintenu les principes essentiels ? qu'ont-ils institué à l'abri de ces principes ? Une loi qui impose l'engagement de travail ou l'attachement à un atelier public, sous peine d'être un vagabond ! Et cela non point à l'égard d'immigrants, d'étrangers, d'inconnus, mais contre des indigènes, des hommes libres, des affranchis, d'autant plus jaloux de leur liberté qu'elle était plus récente et qu'ils en jouissaient alors au milieu même de l'esclavage du plus grand nombre et que toutes ces lois de contrainte semblaient précisément les rejeter, quoique affranchis de nom, dans les inextricables obligations et la situation infime de l'esclave.

A ce même propos, M. Schœlcher fait remarquer que, généralement, ce n'est qu'à son arrivée dans la colonie que l'indien connaît son engagiste.

Je ferai remarquer, à mon tour, que ce n'est pas la réglementation qui en est cause. C'est la faute des choses. Comment un immigrant venant de l'Inde pourrait-il connaître l'engagiste qu'il servira à la Guadeloupe ? On pourrait, il est vrai, dresser d'avance, dans l'Inde, les contrats au nom d'un engagiste désigné. Mais cela ferait-il que l'indien connût mieux l'homme qui va l'employer ? Que ferait le nom de cet homme, qui est à 3,000 lieues ? Serait-il mieux éclairé par là sur les mœurs, la bonne foi, le caractère de son employeur ? Evidemment non !

A moins de vouloir imposer à l'engagiste la charge de faire un voyage dans l'Inde pour se faire connaître de ses engagés !

Aussi la convention internationale a dû subir cette situation. Elle porte, en effet, textuellement, à son article 7, que « les contrats de service devront contenir pour l'immigrant l'obligation de servir soit une personne nommément désignée, soit toute personne à laquelle il sera confié par l'autorité à son arrivée dans la colonie. »

La règlementation, au contraire, prévoit des cas, assez nombreux, où l'engagement de l'indien peut être résilié, même d'office (Voir les art. 143, 148, 149, 151 etc)

M. Schœlcher ajoute, plus loin, qu'à l'arrivée des immigrants, on les adjuge par lots, et qu'à « l'arrangement des détails de leur contrat, ils n'ont aucune part ; qu'ils n'en débattent rien ; que tout est fixé, arrêté, entre l'Administration et l'engagiste. » M. Schœlcher me paraît ici perdre de vue que, aux termes même de la convention, toutes les conditions de l'engagement sont stipulées et fixées avant le départ de l'Inde, sous les yeux des autorités anglaises qui doivent en faire le contrôle (art. 7) ; que nul immigrant ne doit être embarqué si les agents anglais ne se sont assurés qu'il s'est librement engagé et qu'il a une connaissance parfaite de son engagement (art. 6) ; que, même, nul immigrant ne peut partir sans avoir passé un contrat, dont les formes sont fixées. (acte anglais de 1871)

M. Schœlcher lui-même, dans un projet d'émigration libre qu'il a imaginé, et dont il ne doit pas avoir perdu le souvenir, émettait les idées suivantes : « Il faudrait que les émigrés, avant de partir, fussent toujours assurés d'un engagement auprès de l'agent accrédité des planteurs, qui résiderait à Paris. Le traité que signerait l'émigrant avec le planteur ou l'agent des planteurs, devra être aussi l'ob et de la surveillance administrative. Il ne pourra se faire que dans de certaines conditions réglées par le législateur. »

Je demande où est la différence. C'est que la force des choses emportait le penseur, qui cherchait alors un système pratique.

M. Schœlcher présente ensuite quelques rapides critiques sur les articles relatifs aux dépôts d'indiens. Ainsi il trouve mauvais que les frais d'entretien des indiens au dépôt soient mis généralement au compte de la colonie, comme la chose se pratique à Maurice, à la

Réunion et ailleurs. J'ai cependant été contraire à cette clause aussi bien en 1881, comme le rappelle M. Schœlcher, qu'en 1885 devant la commission. Mais ce n'est pas mon avis qui a prévalu. Ce qu'il est bon toutefois de remarquer, c'est le motif dont M. Schœlcher appuie son opinion. Moi, je disais que l'immigrant est dans la colonie pour l'engagiste, en vue de l'engagiste ; que la colonie supporte déjà une bonne part des frais uniquement pour assurer à l'engagiste les services de l'engagé : qu'il y a pour l'engagiste, dans l'engagement de l'indien, une sorte de forfait, et que c'est à l'engagiste, qui jouit spécialement des avantages du zèle et de l'application de l'indien, à supporter aussi certaines conséquences onéreuses de son indocilité, etc.

M. Schœlcher, lui, pense que l'indien étant réduit à l'état de « mineur », étant « l'employé » de son engagiste, c'est à celui-ci, « selon toutes les règles du droit, » à payer lorsque celui-là cause un « dommage » quelconque, « comme le père doit payer la vitre que casse son enfant. »

Eh bien ! il faut le dire, ceci dépasse « toutes les règles du droit, » connues. Et d'abord il n'est pas question de « dommage. » Il s'agit simplement d'immigrants dont le Gouverneur a ordonné le repatriement par mesure de haute police, et d'immigrants déserteurs ou vagabonds. Et, quoique M. Schœlcher dise qu'il lui « paraît injuste de mettre à la charge de la caisse publique les frais de détention d'un déserteur ou d'un vagabond », — je me demande quelle est donc la caisse qui paie ces mêmes frais ailleurs.

Mais se fût-il même agi de dommage, serait-il exact que « toutes les règles du droit » rendent, en toutes circonstances, l'employeur responsable du dommage causé par son employé ? »

M. Schœlcher me pardonnera, mais le Code civil, qui renferme « les règles du droit » en la matière, n'est pas de son avis. L'article 1384 établit la responsabilité : du père ou de la mère, à l'égard de leurs enfants mineurs « habitant avec eux » ; des maîtres et commettants, à l'égard de leurs domestiques et préposés, « dans les fonctions auxquelles ils les ont employés » ; des instituteurs et des artisans, à l'égard de leurs élèves et de leurs apprentis, « pendant le temps qu'ils sont sous leur surveillance. » Or l'indien n'est pas l'apprenti, il n'est pas l'élève, il n'est pas le fils de son engagiste ; il n'habite pas avec lui, il n'est pas sous sa surveillance.

Un procureur général a même, ici, — et probablement « selon toutes les règles du droit » — attribué le caractère absolu du domicile légal, avec toutes ses conséquences rigoureuses, aux cases où les propriétaires logent sur leurs terres les immigrants engagés.

Ce qui soustrait plus que jamais l'immigrant à toute surveillance de la part de l'engagiste.

Et l'on voudrait, dans ces conditions, attribuer à l'engagiste la responsabilité des dommages que pourrait causer un indien qui aura déserté son atelier et son habitation ! lorsque les pères mêmes ne sont responsables pour leurs fils qu'à la condition que ceux-ci soient mineurs et habitent avec eux !

Non plus, du reste, l'indien n'est pas un mineur « selon les règles du droit. » C'est par pure corruption de langage qu'on le dit parfois ainsi. Mais le Code civil, — qui, encore en cette matière, contient « les règles du droit » — ne donne le titre de mineur qu'à des individus n'ayant point encore atteint l'âge de 21 ans accomplis. Au sens juridique du mot — puisque M. Schœlcher veut parler dans ce sens — quiconque est « adulte » n'est pas « mineur. » Tout au plus peut-il subir, comme l'indien, certaines « incapacités » déterminées par les lois.

Mais s'il fallait quand même reconnaître à l'indien la qualité de mineur, au sens véridique du mot, — il faudrait aussi un « tuteur » à ce mineur. C'est la conséquence nécessaire. Or quel serait ce tuteur ? Lequel tuteur, notez-le bien, — et « selon toutes les règles du droit », — serait responsable, en effet, au lieu et place du père et de la mère. Ce tuteur serait-il l'engagiste, à qui M. Schœlcher impute déjà cette responsabilité ? Mais, dans ce cas, outre la responsabilité à l'égard de ses pupilles, il faudrait lui attribuer encore tous les droits et toutes les incapacités qui seraient la conséquence même de son titre. Par exemple : le droit de « correction paternelle, » défini par la loi. Ce qui ne peut être cependant la pensée de M. Schœlcher. Il l'indique lui-même assez clairement. Ni la mienne non plus. Assurément. D'autres droits, d'autres obligations en même temps, à la charge de l'engagiste-tuteur, seraient encore : de prendre soin de la personne de l'engagé-pupille ; de le représenter dans tous les actes civils ; d'administrer ses biens en bon père de famille ; etc, etc. Toutes choses que l'engagiste ne fait point et n'a point à faire. En outre, il ne pourrait, sans l'inter-

.vention du conseil de famille et du subrogé-tuteur, ni acheter, ni prendre à ferme les biens de l'engagé, si celui-ci en possédait ; ni accepter la cession d'aucun droit ou créance contre son pupille. Toutes choses, au contraire, dont l'engagiste est capable, et qu'il exécute journellement. Et dans l'espèce, quel est le conseil de famille ? et quel est le subrogé-tuteur ?

Puis, conséquence finale, l'engagiste-tuteur ne pourrait même conclure aucun traité avec son pupille ; étant tuteur, il ne pourrait être engagiste. La proposition se détruit par elle-même.

Mais l'indien n'est pas le pupille de l'engagiste ; il est seulement son salarié, son engagé.

A ce titre et à ce point de vue exclusif, celui-ci encore est-il responsable de celui-là ? La responsabilité des « maîtres et commettants » n'a lieu qu'à l'égard des faits commis par leurs domestiques ou préposés, dans l'exercice des fonctions auxquelles ils les ont employés. Sauf lorsque des lois spéciales déclarent le maître responsable, d'une manière indéfinie. Cela est de principe Cela est précis. C'est le texte même de la loi et la jurisprudence est constante à cet égard. A ce point de vue encore, je me demande par quelle fiction on pourrait attribuer à un déserteur ou à un vagabond le caractère de « domestique » ou de « préposé » en exercice des fonctions à lui confiées par son engagiste !

L'article 138 dit que les immigrants à rapatrier d'office par mesure de haute police pourront être transférés dans un dépôt situé dans une des dépendances de la colonie.

M. Schœlcher constate la chose avec un « extrême regret », et conclut que cette disposition « permet à l'Administration de rétablir, quand elle voudra, le trop fameux atelier des Saintes. » Or est-ce donc que les termes : « situé dans une dépendance » comportent nécessairement quelque chose de si fameux ? Et « fameux » pour M. Schœlcher veut dire, ici : « atroce. » S'il est vrai que l'atelier des Saintes ait été si fameux et si atroce, rien ne prouve, dans la réglementation, ni dans l'esprit de la commission, ni, à coup sûr, j'en puis donner l'assurance à M. Schœlcher, dans l'esprit de son rapporteur, la pensée de recourir à aucune mesure qui puisse mériter une célébrité fâcheuse.

ART. 142. — Le Syndicat est chargé de diriger les immigrants pour tout ce qui touche à l'exercice des actions judiciaires qu'ils auraient à intenter ou à soutenir et ayant trait à leur condition d'engagé. Il a seul qualité par lui-même ou par ses délégués pour ester en justice dans l'intérêt des immigrants.

M. Schœlcher cite, et ajoute :

Cet article laisse l'immigrant dans la position dégradante où il était et il blesse la raison. Au moment où l'Indien s'engage, on le tient pour un homme en âge viril, capable de signer un contrat valide et par conséquent d'en comprendre les clauses. À peine est-il débarqué, on le dépouille de sa qualité d'adulte, on le frappe d'incapacité légale, on le réduit à l'état de mineur ne pouvant pas plus qu'un enfant ester en justice. Il ne peut rien par lui-même. Puis commet-il un délit, un crime, il redevient un membre actif de la société et il est puni comme tout homme responsable de ses actions !

Examinons. La réalité est que l'immigrant n'a jamais cessé d'être en « âge viril », s'il l'est, en effet ; mais qu'il n'a jamais non plus, malgré cela, été considéré comme pleinement capable de signer, par lui seul, un contrat valide. Sur les lieux de recrutement, les autorités anglaises et françaises interviennent à maintes reprises dans la passation du contrat, et imposent a l'émigrant, sans qu'il le requière, et qu'il le veuille ou non, leur contrôle et leur protection. J'ai déjà démontré que cette sorte d'incapacité légale qui le frappe ne lui ôte pas sa qualité d'adulte. Il n'y a pas, je le répète, de fiction légale qui puisse réduire un homme quelconque à l'état de véritable mineur et lui infliger quelque chose qu'on pourrait appeler une émas ulation morale.

Quant à la responsabilité criminelle de l'indien adulte, à raison des crimes et délits qu'il peut commettre, j'avoue ne pas bien comprendre la pensée de l'honorable M. Schœlcher, qui trouve que la chose « blesse la raison. » Toutes les incapacités légales du monde — sauf le cas de folie — ne peuvent faire cependant qu'un adulte perde la volonté raisonnée ou le discernement, et, partant, la responsabilité de ses actes. Mais le prodigue, muni d'un conseil judiciaire, frappé, par conséquent, de certaines incapacités, ne cesse pas pourtant d'être responsable au point de vue civil aussi bien que pénal ! Mais l'étranger qui, placé sous un régime spécial, ne peut même plaider, en France, sans donner caution au préalable, n'en reste pas moins, malgré cette exception, responsable au civil comme au criminel ! Mais le Code civil lui-même établit formellement que les lois de police et de sûreté obligent tous ceux qui habitent le territoire ! Mais même le mineur, le mineur, dans le sens vrai du mot, n'a-t-il donc jamais sa responsabilité ? Est-ce que, même avant 16 ans, même s'il est reconnu avoir agi sans discernement, il ne peut pas être détenu dans une maison de correction ? Est-ce que toujours, avant 16 ans, s'il est décidé qu'il a, au contraire, agi avec discernement, il ne subit pas des peines déterminées selon les cas ? Est-ce qu'au-dessus de cet âge, on ne voit pas des mineurs subir les mêmes condamnations que les adultes ? Comment se fait-il donc que M. Schœlcher, qui veut porter la discussion sur ce terrain, néglige de tenir compte de toutes ces vérités ?

Mais, au point de vue du rôle du syndicat protecteur à l'égard de l'immigrant, qui est l'objet qui nous occupe en ce moment, il y a plus à dire. M. Schœlcher trouve qu'on a tort de maintenir au syndicat protecteur la qualité exclusive d'ester en justice dans l'intérêt des immigrants. Remarquons d'abord — la chose n'est peut-être pas inutile, — qu'il ne s'agit ici que d'action civile, les termes l'indiquent suffisamment Or d'après les dispositions du Code de procédure civile, nulle action civile ne peut être intentée sans le ministère d'un avoué. Si l'indien était autorisé à ester lui-même en justice, il lui faudrait s'assurer un avoué, se déplacer pour le trouver, le chercher à sa convenance, s'aboucher avec lui, s'entendre, traiter, fournir les pièces, les documents, les renseignements, exécuter toutes les démarches, remplir toutes les formalités, faire toutes les visites que subissent les plaideurs.

Voit-on cet indien, cet homme que M. Schœlcher nous peint, « complètement illettré, incapable de prendre une note par écrit », le voit-on s'égarer seul entre les mille dédales de nos codes si compliqués, en face d'un avoué qu'il peut ne pas comprendre et qui souvent ne le comprend guère ? Et pendant toutes ces marches et démarches, de quoi vivra cet indien ? qui travaillera et gagnera pour lui ? qui le paiera ? Et puis, lorsque l'avoué, mal rassuré, dira à l'indien : « C'est tant. Quelles avances me faites-vous ? Il me faut tant de provisions » — sur ces questions là, on se comprend toujours — mais que répondra l'indien ? Et s'il ne répond pas, que lui dira l'avoué à son tour ? Et qu'adviendra-t-il, en cette occurence, de cette protection promise à ce sujet anglais et de laquelle l'Angleterre est si jalouse ?

L'attribution exclusive au syndicat du droit d'ester en jugement dans l'intérêt de l'indien est, au contraire, pour celui-ci une garantie expresse de protection et de sécurité.

Art. 144. — Le Syndicat, après avoir appelé l'engagiste à fournir ses explications, décide s'il y a lieu, dans l'intérêt de l'immigrant, d'introduire une action devant l'une des juridictions de la colonie, auquel cas il se constitue seul pour lui.

M. Schœlcher s'indigne. « Le protecteur attitré de l'engagé n'est pas même obligé d'entendre contradictoirement le plaignant et celui qui l'accuse ! Il ne demande pas d'autres explications que celles de l'engagiste ! Et lui, lui seul décide s'il y a lieu d'en appeler à justice ! C'est exorbitant ! dit-il. »

Ne dirait-on pas que ce protecteur attitré, qui seul, seul, décide, — n'est qu'une seule personne qui juge et tranche à sa fantaisie ? J'ai déjà dit, au contraire, que le syndicat d'arrondissement ou syndicat protecteur est composé de trois membres, dont deux sont magistrats et doivent, à ce titre, partager la confiance spéciale dont l'honorable M. Schœlcher honore ceux qui ont « des habitudes de respect professionnel des lois. »

Et puis, qui donc défend à ces trois membres, qui ne peuvent être, en effet, toujours que fort honorables, de recourir à la confrontation, si elle paraît utile ? A coup sûr ce n'est pas la réglementation. En outre, il convient de remarquer que le syndic cantonal, avant de saisir le syndicat d'arrondissement, a déjà entendu l'indien, et que c'est précisément la plainte de ce dernier qu'il a transmise au syndicat.

Art. 170, § 1er. — Tout immigrant qui se sera introduit dans une habitation ou dans un atelier contrairement à la volonté du propriétaire ou de son représentant et aura refusé d'obtempérer à l'injonction de se retirer, sera puni d'une amende de 16 francs à 100 francs.

M. Schœlcher reconnaît qu'un immigrant dans un tel cas est fautif, en effet. Et moi, j'avoue avec lui, néanmoins, qu'une telle peine pour une telle faute paraît excessive. Les cas à peu près analogues dans le Code pénal n'ont aucune proportion avec une pénalité aussi sévère.

Il est vrai pourtant que, dans le droit commun, le simple fait, par exemple, de passer, sans avoir droit au passage, sur un terrain préparé ou ensemencé ou porteur de fruits mûrs, rend le délinquant passible, en cas de récidive, d'une amende faible, sans doute, mais, en outre, d'un emprisonnement, qui peut aller jusqu'à trois ou cinq jours. Il est vrai aussi, d'un autre côté, que, dans l'article de la réglementation, il s'agit de circonstances nettement et évidemment aggravantes : il s'agit d'un indien qui s'introduit dans une habitation ou dans un atelier contrairement à la volonté du propriétaire et qui résiste positivement à toute injonction de se retirer.

Néanmoins j'ai personnellement fait de nombreuses observations contre cet article, au sein de la commission. J'ai notamment rappelé l'exemple du droit commun et insisté sur la comparaison des cas. Il m'a été répondu que le droit commun allait jusqu'à la prison ; que l'amende frappait moins l'indien que ne le ferait l'emprisonnement ; que si l'indien condamné était un bon travailleur, son engagiste, assurément, paierait pour lui, avec faculté, bien entendu ! de remboursement sur le salaire mensuel ; et qu'il n'y aurait à subir la contrainte par corps (selon le droit commun) pour recouvrement de l'amende que les indiens véritablement les moins intéressants. J'ai alors demandé qu'on ajoutât, du moins, la condition expresse d'un refus absolu d'obtempérer à l'injonction du propriétaire. Ce qui a été fait, comme on voit, et qui constitue une amélioration sensible des termes du décret du 13 février 1852. Puis, j'ai considéré que, les dispositions de l'article 463 du Code pénal devant être toujours applicables aux délits et contraventions prévus par le projet de décret (art 186), et cet article 463 permettant d'abaisser les condamnations correctionnelles jusqu'à concurrence des peines de simple police, c'est-à-dire de réduire l'amende, par exemple, jusqu'à 1 fr., — les « magistrats », à qui M. Schœlcher déclare si sincèrement accorder sa confiance, restant maîtres, d'ailleurs, de l'échelle de la peine, pourraient toujours, en jugeant, la mesurer sur la somme réelle de culpabilité du prévenu.

Je prie donc instamment M. Schœlcher de peser en son esprit, si juste et si mesuré, ces considérations, qui n'ont pas été sans effet sur le mien. Je le prie de remarquer, notamment, que dans le droit français un simple « larcin » par exemple, même une « tentative » de larcin, — en prenant à la lettre le texte du Code pénal, — est passible d'un emprisonnement qui peut être élevé jusqu'à 5 ans et même d'une amende que « l'on peut grossir » jusqu'à 500 francs. N'est-ce pas, aussi, excessif ? Qu'il songe que néanmoins, grâce à ce même article 463, on ne voit jamais condamner le voleur d'un mouchoir de quatre sous à 5 ans de prison et 500 francs d'amende !

Art. 182. — Tout manquement grave des travailleurs envers ceux qui les emploient et de ces derniers envers ceux qu'ils emploient, sera puni d'une amende de 5 francs à 25 francs, sans préjudice des peines plus fortes encourues en raison des circonstances du fait.

Ici M. Schœlcher rappelle le droit commun, qui punit l'injure simple d'une amende de 1 à 5 francs, et, en cas de récidive, d'un emprisonnement de 3 jours au plus. Il n'y a donc pas égalité. La pénalité locale est encore excessive. C'est pourtant l'article 19 du décret du 13 février 1852, adouci.

Cet article 19 portait une amende de 5 à 100 fr. — Ce n'est pas une raison ! me dira M. Schœlcher. « Punir d'une amende de 5 à 25 francs l'injure grave, envers son employeur, d'un engagé dont « le tiers du salaire d'un jour est de 15 centimes » nous paraît trop rigoureux ; et punir de la même peine l'injure grave, envers son engagé, d'un engagiste qui est mieux élevé que lui et qui gagne 15 ou 20,000 francs par an, nous paraît trop indulgent. » Et je suis de son avis ! Et j'allais parler contre cet article, lorsque je me suis souvenu d'un autre article du décret du 27 avril 1848, sur l'institution des *Jurys cantonnaux* aux colonies. Et l'article de ce décret dont je me suis souvenu est l'article 7, et il est ainsi conçu, toujours textuellement :

Tous manquements graves des propriétaires ou chefs d'industrie et des ouvriers ou travailleurs les uns envers les autres peuvent être punis, par les jurys cantonaux, d'une amende de 5 à 100 francs, sans préjudice des peines plus graves dont les prévenus seraient passibles d'après le Code Pénal.
La condamnation sera sans appel.

Sans appel, une amende qui peut aller jusqu'à cent francs ! Voilà une aggravation que notre législation actuelle n'a pas maintenue.

Et me souvenant de cet article, j'allais me dire aussi qu'il est peut-être bien rigoureux de punir d'une amende de 5 à 100 fr. le travailleur, et bien indulgent de punir de la même peine le propriétaire. Mais je me suis souvenu encore que ce décret, que cet article sont l'œuvre de la mémorable commission de l'Abolition de l'esclavage, dont M. Schœlcher lui-même fut le président, lesquels méritent tout mon respect. Et j'ai voté l'article de la commission.

Je supplie M. Schœlcher d'être, à son tour, indulgent pour moi.

ART. 186. — Les greffiers de la Cour d'appel, des Cours d'assises et des tribunaux correctionnels sont tenus de délivrer au protecteur des immigrants un bulletin de tout arrêt ou jugement de condamnation rendu contre un immigrant.

ART. 187. — Il est établi au bureau central de l'immigration, au moyen des extraits et des états délivrés par les greffiers au protecteur des immigrants, un casier dit : *Casier de renseignements.*

Ce casier de renseignements est une innovation, ajoute M. Schœlcher ; il s'ajoutera, pour les immigrants, au casier judiciaire, qui n'a pas plus d'admirateurs aux colonies que dans la métropole. Ce moyen de mieux les protéger qu'ils ne l'étaient laisse, selon nous, beaucoup à désirer.

Je ne suppose pas que M. Schœlcher puisse trouver mauvais que le « protecteur des immigrants » soit tenu au courant des condamnations subies par ses « protégés. » Il ne proteste que contre l'établissement du casier de renseignements. Il est difficile toutefois de centraliser aux mains du protecteur les renseignements de cette nature sans que les extraits et les états réunis constituent un dossier, qui n'est autre chose que le casier de renseignements. « Ce casier de renseignements est une innovation » dit M. Schœlcher. Je suis toujours fort gêné pour contredire une affirmation. M. Schœlcher se trompe. On voit déjà le casier de renseignements dans le projet de 1881. C'est une clause empruntée au projet délibéré par le conseil d'État pour la Réunion.

« Il s'ajoutera, dit-il encore, au casier judiciaire. » Je ne suis pas un admirateur du casier judiciaire. Mais, du moment qu'il existe, je ne vois pas bien en quoi la reproduction de ce casier, pour faciliter au service de l'Immigration les recherches qu'il peut avoir à faire sur l'identité ou la moralité de tel ou tel immigrant, puisse être considérée comme un moyen si abominable « Ce moyen de mieux les protéger, selon M. Schœlcher, laisse beaucoup à désirer. » La protection consiste-t-elle donc à perdre volontairement la trace d'un criminel ? J'avoue que je ne comprends pas.

« Tel est, dit pour finir M. Schœlcher, le projet de réglementation voté par le Conseil général de la Guadeloupe. »

Telle est, dis-je à mon tour, la critique qu'il a cru devoir en faire. Je crois avoir démontré absolument, en plus d'un point, que ce projet de réglementation, quoi qu'on en ait dit, n'aggrave pas la situation actuelle de l'immigrant.

M. J.-F. Guilliod, alors président du Conseil général, s'est abstenu, en s'expliquant. M. Schœlcher cite en partie ses paroles.

Je sens, Messieurs, le besoin de faire une simple déclaration qui m'est dictée par mes principes. Je rends hommage aux intentions dont est animée la Commission qui a élaboré le projet ; mais, en même temps, je dois obéir à un devoir de conscience en déclarant que je ne voterai pas le projet ; mes principes s'y opposent. Je veux voir dans les habitants de mon pays des concitoyens et non des ilotes.

M. Guilliod n'a pas dit seulement cela. Il a dit encore formellement ceci : « Je reconnais pleinement les généreux efforts de la commission, à l'effet d'assurer aux immigrants une protection suffisante et efficace. » C'est, en effet, ce que voulait la commission. Il est regrettable que M. Schœlcher ait omis précisément cet hommage rendu à la commission par un homme qui n'est pas suspect. « Ce sont là cependant, comme il le dit lui-même au même sujet, des paroles de haute portée sortant de la bouche d'un homme qui est à la fois un vétéran de la démocratie coloniale et l'un des colons les plus estimés de la Guadeloupe. »

La haute portée des paroles, la grande notoriété accordée à l'orateur, demandaient, il me semble, que son discours ne fût pas tronqué.

A tout ce qu'on a déjà lu, M. Schœlcher ajoute :

Sans avoir la prétention de donner des leçons aux républicains du Conseil, nous exprimons le regret que, saisis de la question de la servitude des engagés, ils ne l'aient pas tranchée résolument. M. Isaac a dit dans le cours de la discussion : « Que l'immigration indienne soit une chose mauvaise, je l'ai » toujours pensé, toujours proclamé. *Supprimons-la*, cela a » toujours été ma tendance. Elle a été maintenue par les votes » du Conseil malgré moi ». Mais tant qu'elle existe, il faut la réglementer. Est-ce bien ce qu'il y avait à faire ? Nous ne le croyons pas. Ce qu'il fallait logiquement, il nous semble, c'était proposer *la suppression*.

Réglementer à nouveau une chose mauvaise, que, depuis trente-et-un ans qu'elle existe, on organise et réorganise sans avoir pu la rendre tolérable, n'est-ce pas s'exposer à lui donner une nouvelle vie ? « Je ne suis pas, a dit encore M. le rappor- » teur, je ne suis pas responsable de la présence de 20.000 » étrangers dans ce pays ; je la désapprouve. Une grande » partie d'entre eux se livrent au vagabondage, à la fainéan-

» lise habituelle ; ils sont un danger permanent, une menace
» perpetuelle contre la sécurité des biens et des personnes. »
Et au lieu de demander qu'on en délivre le pays, il se borne
à tâcher de recrépir leur régime ! En seront-ils moins un danger
public permanent ?

Ainsi M. Schœlcher pense qu'il fallait répondre aux
fréquentes instances du ministère par la suppression de
l'Immigration et qu'au lieu de prendre des précautions
contre les vagabonds, il fallait demander qu'on en
délivrât le pays.

Mais la question n'était pas là. Ce qui fait et entretient l'Immigration, c'est le recrutement. Or, je l'ai
déjà dit et je prie M. Schœlcher de ne pas l'oublier, le
recrutement a été suspendu par le Conseil même, depuis deux ans. Depuis ce temps, les partisans même de
l'Immigration n'en parlent plus ; et certains paraissent
presque disposés à y renoncer. Encore un coup, la
question du recrutement ne se posait pas. Fallait-il la
soulever et réclamer le vote formel de la suppression ?
Moi, qui ai peut-être quelque responsabilité personnelle dans les discussions et les résolutions du Conseil
général, je ne le crois pas, et j'ai de bonnes raisons de
le penser ainsi. Si j'avais cherché à soulever cette discussion, les partisans quand même de l'Immigration,
qui n'ont, malgré tout, pas encore complètement
désarmé et qui forment toujours la majorité dans le
Conseil, auraient, au contraire, et assurément, émis
un vote réservant formellement la question et indiquant
même la reprise du recrutement en temps opportun.

Je le demande à M. Schœlcher, croit-il qu'un tel vote,
inévitable, n'aurait pas pu « donner une nouvelle vie »
à une institution qui se meurt ?

De plus, est-ce que la suppression du recrutement
aurait supprimé les 20,000 indiens qui se trouvent
présentement dans le pays, dont 1300 seulement, en
décembre 1884, avaient droit à leur repatriement,
(*Procès-verbaux du Conseil général*. 1884. P. 334) et
dont un grand nombre se livrent au vagabondage ?

Est-ce que la suppression du recrutement aurait supprimé ce « danger public permanent ? »

M. Schœlcher déclare qu'il fallait demander qu'on
en délivrât le pays. Mais le Conseil ne fait pas autre
chose ! Je le répète : depuis 1884, nous avons fait partir
trois convois de repatriement. Mais que M. Schœlcher
nous indique le moyen de repatrier 20,000 hommes
d'un coup ou même à bref délai ! Si ce moyen n'existe

pas, pourquoi ne l'opposer ? Et puis ce moyen existât-il et fût-il à notre disposition, ne faudrait-il pas, pour en user, attendre que les engagés eussent terminé leurs engagements ?

M. Schœlcher s'écrie : « Que M. Isaac et les républicains du Conseil n'ont-ils imité leurs frères de la Martinique, qui en ont fini avec cette plaie sociale et qui ont l'honneur d'avoir restauré la liberté du travail ! Comment ce qui a été possible à la Martinique sans causer dommage, ne serait-il pas possible à la Guadeloupe ? »

Qu'ont-ils donc fait, nos frères de la Martinique ?

Ils ont émis, en effet, en termes élevés, un vote solennel.

Considérant, ont-ils dit, que le travail libre, doit exister dans un pays libre ;

Que l'organisation administrative du travail connue sous le nom d'immigration est une violation de ce principe,

Le Conseil général décide ;

Le travail réglementé est aboli : l'Administration est priée de mettre la législation locale en harmonie avec ce principe de droit commun et de se conformer aux prescriptions de l'article 23 de la convention du 1er juillet 1861.

Aucun contrat passé sous le régime actuel ne sera renouvelé. La prime de rengagement est, en conséquence, supprimée.

Mais allons au fond des choses.

Est-il vrai que nos frères aient si bien « fini avec cette plaie sociale » ? et que ce vote du Conseil général de la Martinique ait entraîné immédiatement, dans la pratique, la suppression de toute réglementation ? C'est à voir !

L'Administration de la Martinique, chargée de modifier la législation locale, a dû tenir compte des décrets des 13 février et 27 mars 1852, non abrogés, ainsi que de la convention du 1er juillet 1861, non dénoncée, « lesquels doivent continuer à recevoir leur application. » Elle n'a pu introduire d'améliorations « qu'en dehors des cas spécialement prévus par les décrets susvisés. » Et qu'est-ce que ces décrets et qu'est-ce que cette convention, sinon des actes qui établissent le principe de la réglementation ? Et, en fait, qu'est-il arrivé ? L'arrêté du 17 janvier 1885, qui a suivi le vote du Conseil pour en assurer l'exécution, qu'est-il, sinon cette réglementation inévitable ?

Ne crée-t-il pas aussi un service de l'Immigration, rattaché, comme le nôtre, à la Direction de l'Intérieur, avec un chef chargé de l'exécution des contrats d'engagement ? (art. 1er) N'établit-il pas également que l'indien ne peut exiger que deux rechanges par an ? (art. 4) Ne dispose-t-il pas qu'en cas d'insubordination habituelle l'engagé peut être remis à l'Administration, qui l'emploie dans un atelier public ou une habitation domaniale ? (art. 9) — Ne reconnaît-il pas que l'immigrant qui se trouverait sous le coup de l'article 37 § 2 du décret du 27 mars 1852 pourrait être retenu, par mesure administrative, au dépôt des immigrants jusqu'au jour de son départ ? (art. 10) Et que dit cet article 37 du décret ? Il dit : « L'Administration aura le droit d'imposer d'office le repatriement aux engagés auxquels elle ne croirait pas devoir faire l'application des dispositions répressives du vagabondage. » L'arrêté les soumet, en outre, à une détention au dépôt, sans jugement. Et si, au contraire, l'Administration croit devoir faire l'application de ces dispositions répressives du vagabondage, ces dispositions ne sont-elles pas celles du décret du 13 février 1852, lesquelles, précisément, reconnaissent : le vagabondage par défaut d'engagement régulier ? Le commissaire de l'Immigration ne veille-t-il pas à ce que les « règlements sur l'immigration » reçoivent partout leur exécution ? (art. 14) Et ce texte ne serait-il pas la preuve qu'il existe encore des règlements sur l'Immigration, à la Martinique ? Le syndicat d'arrondissement, comme chez nous, n'a-t-il pas, « seul, qualité pour ester en justice dans l'intérêt des immigrants » ? (art. 16) Ne décide-t-il pas « s'il y a lieu » ou non d'introduire une action en leur faveur ? (art. 19) Les greffiers des tribunaux ne donnent-ils pas, au commissaire de l'Immigration, avis de tout jugement intéressant les indiens engagés ? (art. 12) Les syndics cantonaux ne sont-ils pas chargés de veiller, comme par le passé, à ce que chaque immigrant soit pourvu de son bulletin d'immatriculation ? (art. 21) Et qu'est-ce que ce bulletin d'immatriculation ? Créé à la Martinique par l'arrêté du 15 janvier 1861, — dont l'arrêté du 19 février suivant n'est, à la Guadeloupe, que la reproduction littérale, — ce bulletin tient lieu de passeport à l'intérieur ; (arrêté du 15 janvier 1861, art. 22) — et pour valoir passeport « devra porter le visa de l'engagiste constatant le droit de sortir de la commune. » (Martinique. Arrêté du 5 juillet 1870. Art. 2)

Les mêmes syndics, comme les nôtres, ne « concilient »-ils pas les différends, sauf à intenter, — « s'il y a lieu » — une action dans l'intérêt de l'engagé ? (Arrêté du 17 janvier 1885, art. 25) Moins puissants encore que les nôtres, ne leur faut-il pas une délégation expresse du commissaire de l'Immigration pour exercer le droit de visite sur les habitations ? (Même arrêté art. 24)

Toutes ces prescriptions ne sont-elles pas, en général, précisément les mêmes que l'honorable M. Schœlcher a le plus vivement critiquées dans la règlementation de la Guadeloupe ?

Loin de moi la pensée d'attaquer ni d'amoindrir jamais l'œuvre, que j'approuve, de mes propres amis de la Martinique. Ils ont, sans tergiverser, supprimé le recrutement actuel ; mais c'est à peu près la seule portée pratique immédiate de leur innovation. Il est vrai que la Guadeloupe n'a pas su les imiter complètement en cela.

Mais une règlementation quelconque persiste fatalement, par la force même des choses. Elle disparaîtra par extinction, à la Martinique comme à la Guadeloupe, lorsqu'il ne restera plus d'indiens à qui l'appliquer.

Plus loin, pour « rappeler ce qu'est cette prétendue Immigration », M. Schœlcher cite un fait.

M. Charriol, dit-il, agent de recrutement de la Guadeloupe, annonce au gouverneur qu'il a un convoi de cinq cents immigrants tout prêts à partir. Il est avisé que la colonie ne peut alors les recevoir. En réponse, il informe le gouverneur « qu'il « a pu céder ces Indiens aux agents de recrutement de la « Trinidad et de la Grenade, qui n'ont toutefois accepté le « transfert que sous la réserve d'avoir la faculté de les rendre « un mois après, s'ils n'en trouvent pas l'emploi. »

Nous voyons donc là 500 hommes qui « ont signé un contrat » pour aller à la Guadeloupe travailler aux conditions déterminées par les usages de cette colonie *française*, et « on les cède » à deux colonies *anglaises* sans demander leur avis, sans qu'ils puissent savoir s'ils trouveront chez les Anglais les mêmes conditions que chez nous ! N'y a-t-il pas dans ces opérations où 500 hommes passent d'une main à une autre comme un troupeau de moutons, comme des ballots de riz ou de café, une analogie complète avec les affreuses opérations de la traite des noirs ?

Je suis conseiller général, j'ai pris une part active et intime à tout ce qui a trait à l'incident Charriol ; tous les documents qui y sont relatifs m'ont passé par les mains. Je suis bien obligé de croire et de dire que M. Schœlcher a parlé de ceci sur la foi de quelque renseignement inexact ; qu'il n'a pas vérifié la chose par lui-même, ou que sa mémoire l'a trahi. Je ne connais aucune lettre écrite dans ces termes par M. Charriol, et je ne trouve, du reste, dans les procès-verbaux du Conseil général, aucune indication d'une opération si étrange.

Voici ce qui a eu lieu.

L'Administration avait, selon l'usage et conformément à un vote du Conseil général, commandé pour 1885 l'introduction de quatre convois d'immigrants : deux de Pondichéry et deux de Calcutta. La crise sucrière éclata. Parmi tous nos embarras, on se préoccupa vivement des difficultés que pourrait rencontrer le placement de ces convois. Sur ces entrefaites, l'agence de Pondichéry suspendit ses opérations. Ce qui réduisit à deux convois seulement les engagements de la colonie. Néanmoins une correspondance s'établit entre l'Administration et l'agent de Calcutta pour tenter la cession des deux derniers convois. Après plusieurs lettres échangées, « l'Administration en reçut une de M. Charriol, en date du 30 septembre 1884, par laquelle celui-ci annonce qu'il a pu transférer le premier convoi, déjà complété, à l'agence de la Trinidad et de la Grenade, — ce qui doit procurer à la Guadeloupe l'économie de deux mois de séjour de ce convoi au dépôt de Calcutta, — mais à la condition de recevoir de cette même agence, du 15 au 30 novembre, un nombre égal d'immigrants.

« Enfin le 20 novembre, arriva une nouvelle lettre de M. Charriol, en date du 13 octobre, par laquelle cet agent confirme qu'il attend en novembre la restitution des indiens destinés à remplacer ceux qu'il a cédés pour la Trinidad et la Grenade, et annonce qu'il ne faut pas compter sur la cession du deuxième convoi, déjà en voie de formation, parce que les colonies anglaises ayant souffert, comme les autres, de la crise, diverses agences ont déjà reçu l'ordre de suspendre leurs opérations. »

Tout cet exposé, très clair, est extrait du rapport lu et discuté en Conseil général dans la séance du 11 décembre 1884, et imprimé dans le recueil ordinaire des procès-verbaux de cette assemblée. M. Schœlcher doit avoir en mains ce recueil, puisqu'il m'y renvoie, à maintes reprises, à certaines pages qu'il numérote. Assurément, cette fois, il n'y a pas puisé lui-même ses renseignements. Il ferait bien de se méfier de ses secrétaires.

On peut voir, en effet, par cet exposé, que les lettres de M. Charriol sur cette affaire ne sont nullement conformes au texte publié par l'honorable M. Schœlcher. M. Charriol dit, à la date du 30 septembre, qu'il a transféré un convoi à l'agence de la Trinidad et de la Grenade, à la condition de recevoir de cette agence un nombre égal d'immigrants. A la date du 13 octobre, il confirme qu'il attend la restitution des indiens destinés à remplacer ceux qu'il a cédés. Nulle part et jamais il n'a été question de céder des immigrants à des agents étrangers à condition que ceux-ci remettent les mêmes immigrants « s'ils n'en trouvent pas l'emploi ». Il n'est surtout pas question de les céder « sans qu'ils puissent savoir s'ils trouveront chez les Anglais les mêmes conditions que chez nous. » M. Schœlcher n'a qu'à relire, pour s'en convaincre, l'extrait de la lettre de M. Charriol en date du 21 août, reproduit dans le même rapport. Il y verra que ces cessions ne se font qu'entre agences, « par l'entremise des autorités anglaises et avec le consentement individuel de chaque émigrant. »

Je prie donc instamment M. Schœlcher de reporter ses investigations aux pages 208, 209, 237, 244, 550, 553, du compte-rendu de la session ordinaire de 1884.

Les considérations générales qui terminent la brochure de M. Schœlcher, je les partage entièrement. Il faut que la Guadeloupe cesse de vivre sur un « expédient » et un « pis-aller ». Il faut repatrier au plus vite les Indiens qui doivent l'être. Il faut renoncer au rétablissement du recrutement suspendu. Il faut faire disparaître les derniers vestiges de ce régime d'exception, à jamais condamné, et rompre toutes ces traditions fâcheuses qui rattachent si étrangement notre société à l'Orient dégénéré.

Mais, en attendant, et pendant que nous avons dans notre pays des indiens engagés sous l'empire de la Convention internationale, faut-il détruire la règlementation ? Je le répète, je ne le crois pas. Je crois avoir démontré que la Convention elle-même établit et maintient le principe d'une règlementation. La Martinique, dans un grand et généreux mouvement, a voulu s'y soustraire ; elle est, pour la pratique, retombée dans cette nécessité !

J'ai, en outre, signalé les dangers qu'il y a pour la sécurité des biens et des personnes à abandonner, livrés sans frein à leurs penchants de vagabondage et de paresse, ces étrangers, qui sont, comme le reconnaît fort bien M. Schœlcher, « ramassés dans les bas-fonds et dans la lie de la population des villes de l'Inde. »

Cette nécessité d'une règlementation spéciale s'impose tellement, dans la pratique, lorsque l'on se trouve en présence de certaines conditions, que M. Schœlcher lui-même en a subi les conséquences, et dans un cas où je n'ose avouer qu'il exagérait.

Connaît-on son « essai de législation » pour « organiser le travail libre » aux colonies ?

C'était en 1842. Schœlcher, rallié enfin à la cause de l'émancipation immédiate et absolue (Voir son livre *Des Colonies françaises* Page 372 et suivantes) combattait désormais « sans relâche » parmi les plus avancés et les plus radicaux des amis des Noirs, avec une ardeur qui a fait toute sa gloire et que nul n'oubliera jamais. Mais, tout en luttant pour l'abolition « en masse et spontanée », il se préoccupait des moyens « de prévenir les plus dangereux effets de la perturbation » qu'il dit « inévitable », de diminuer « les embarras du passage de la servitude à la liberté », de « déterminer les moyens d'obtenir le travail libre » ; il déclarait que « toute la question pour lui se réduit donc là : organiser le travail libre. » Et comme conclusion à ce livre, — qui débute par ces paroles : « Émancipation des noirs, tel est notre premier vœu. Prospérité des colonies, tel est notre second vœu » — il publiait son « Essai de législation. »

En voici quelques extraits. Je prie le lecteur de rapprocher toutes ces prescriptions, des règles du droit commun.

Ses arrêts (du juge de paix) toujours sans procédure, sont immédiatement exécutoires, et la force publique est tenue de les mettre à exécution.

M. Schœlcher « compte beaucoup que la promptitude de la répression amènera une grande diminution dans le nombre même des délits. »

Les anciens esclaves continueront à jouir de leurs cases et jardins pendant deux mois après la promulgation de l'acte libérateur.

Le laboureur paiera le loyer de sa case durant ces deux mois, par deux jours de travail chaque semaine.

Tout contrevenant à ces articles, laboureur ou propriétaire, sera passible : le propriétaire de 30 francs de dommages-intérêts, à verser dans les mains de l'expulsé ; le *laboureur, d'un mois de sucrerie pénitentiaire.*

La prise de possession des terrains vagues est formellement interdite.

Le juge-de-paix condamne l'envahisseur à une détention, de quinze jours à trois mois de sucrerie pénitentiaire, et prononce, en outre, adjudication, au propriétaire, de la récolte plantée et des bâtimens saisis sur le sol envahi, à moins qu'il ne reconnaisse que l'occupant a pu de bonne foi se croire autorisé à posséder. Dans ce dernier cas, le juge-de-paix se borne à le faire déguerpir, et ne le peut condamner à perdre que la moitié de la récolte ou de la valeur des constructions.

« Une vieille loi d'Egypte, ajoute M. Schœlcher, rendue par Amasis, punissait de mort les oisifs. Solon repoussa une aussi barbare pénalité. Mais à l'imitation d'Amasis, il obligeait les citoyens d'Athènes à venir rendre compte annuellement aux magistrats de leurs moyens d'existence. Celui qui manquait une fois était condamné à l'amende, celui qui manquait trois fois encourait la peine d'infamie ! La loi française s'est réservé le droit de demander ce compte aux citoyens quand elle le juge nécessaire, et de punir de prison ceux qui ne lui répondent pas d'une manière satisfaisante. C'est justice. L'homme qui, sans fortune, ne travaille pas, devient dangereux, et *doit être sauvé de lui-même*.

Celui qui ne justifie pas de la possession d'un bien ou d'un emploi quelconque propre à le faire vivre, est tenu pour vagabond, de même que celui qui ne justifie pas d'un gîte.

Le vagabond peut être condamné par le juge de-paix, de un mois à six mois de sucrerie pénitentiaire ; en cas de récidive, de six mois à un an, et pour la troisième fois deux ans.

« Ainsi, ajoute encore M. Schœlcher avec une certaine malice, tel qui n'aura pas assez de courage et de vertu pour secouer les vieux préjugés du pays et qui fuira les plantations, aimantmieux rester oisif que de se livrer à la culture de la canne, y retombera forcément s'il encourt les verdicts de la loi. »

Le mendiant arrêté pour la première fois, passera trois mois à la sucrerie pénitentiaire ; pour la seconde fois, six mois ; pour la troisième, deux ans.

Le citoyen qui ne paie pas son impôt personnel, est condamné à la sucrerie pénitentiaire, où il reste jusqu'à ce qu'il ait acquitté sa dette envers l'Etat.

Si l'on suppose seulement quatre-vingt mille valides sur les deux-cent mille esclaves que la loi délivre, l'impôt que nous établissons ici, en le fixant à 30 fr., par exemple, fait déjà rentrer chaque année plus de deux millions et demi au trésor, et l'on ne peut douter que la France, *avec ses puissants moyens d'action et les sucreries pénitentiaires*, ne puisse le percevoir, quelque force d'inertie que l'on veuille supposer à la classe ouvrière.

« En Europe, où il y a plus de bras que de travail, déclare M. Schœlcher, on voit l'employeur abuser de sa position et payer trop peu l'employé. Ce vice de notre société qui la fait souffrir en la déshonorant doit être présent aux yeux du législateur qui reconstitue les colonies sur des bases de justice pour tous. Dans ces pays où les bras manquent au travail, il faut craindre que l'employé ne veuille abuser à son tour de sa position, et être payé trop cher. En conséquence, jusqu'au moment où l'on organisera complètement le travail, nous regardons comme nécessaire :

De fixer un maximum et un minimum à la journée de salaire.

L'employeur s'engage à toujours entretenir de travail l'employé, celui-ci à ne point louer ses bras à d'autre que l'employeur.

Dans l'engagement, l'ouvrier pourra se réserver deux jours par semaine s'il ne veut point donner tout son temps, mais le fait même de son engagement l'oblige de fournir à l'époque de la roulaison son travail sans interruption (fêtes et dimanches exceptés), jusqu'à l'achèvement de la récolte.

En cas de discussion sur ce point, le jugement en sera ajourné jusqu'à la fin de roulaison, et l'ouvrier devra continuer à remplir sa tâche.

L'engagé convaincu d'avoir rompu violemment son contrat encourera une peine de trois à six mois de sucrerie pénitentiaire.

L'engagé qui déserterait l'atelier avant ou pendant la roulaison, le laboureur embauché pour ce travail, qui refuserait de le continuer, quel que soit le prétexte qu'ils allèguent pour excuse, pourront être ramenés *par voie de contrainte* et encourreront une peine de six mois à deux ans de sucrerie pénitentiaire.

« Ces prescriptions, dont la sévérité, de l'aveu même de M. Schœlcher, peut paraître choquante, sont indispensables, cependant, dit-il ; car les ouvriers, par leur refus ou leur absence, peuvent compromettre toutes les opérations manufacturières ».

Si l'engagement pris, soit pour location des cases ou pour travail, n'a pas de limites arrêtées, on sera tenu réciproquement de se prévenir un mois d'avance quand on voudra le rompre.

L'infraction à cette clause est punie d'une amende égale au dommage causé, ou de un mois de sucrerie pénitentiaire.

Hors le temps de récolte, l'engagé est libre de sortir de l'habitation, pourvu que ses absences ne deviennent pas assez fréquentes ni assez régulières pour porter atteinte à l'esprit du contrat.

En développant ce système, M. Schœlcher trouve occasion de citer un projet législatif sur les engagements de travail, lequel lui paraît « laisser peu à désirer. Tout y est prévu. » dit-il. Il peut « servir de guide au législateur. Il est important, ajoute-t-il lui-même, que toutes les formes de travail qui pourront être adoptées soient *réglementées* d'une manière précise. »

Voici encore quelques extraits de ce projet.

ART. 4. — Ceux qui n'auront été employés qu'à des travaux secondaires, ou qui n'auront pas mis dans leur travail l'activité convenable, ou qui auront commis quelque faute, ne recevront qu'un bon de demi-journée ou d'un quart. Ils pourront même en être entièrement privés.

ART. 17. — Toutes les difficultés auxquelles donnerait lieu l'exécution de cet engagement, soit entre les travailleurs, soit entre eux et le propriétaire, seront jugées par le juge de la commune, sans procédure, sans *appel*, ni *pourvoi*.

Je ne veux point attrister l'honorable M. Schœlcher et méconnaître ses grands services. Mais, moi, descendant de ces « libres de 48 », en voyant la situation que voulait, en ce temps, leur préparer ce libérateur, je ne puis m'empêcher de songer à nos *coolies*.

Et si l'on m'objecte qu'il ne s'agit là que d'affranchis, que d'esclaves qu'on allait rendre à la liberté ; que M. Schœlcher, tout en réprouvant tout régime « intermédiaire », étudiait, inquiet, néanmoins, le « problème de la conciliation du travail et de la liberté » — je pourrais répondre que ces libérés n'en étaient que plus dignes de respect et de ménagement ; — mais je répondrai que j'ai d'autres exemples.

Pour nous, il s'agit d'immigrants.

Or M. Schœlcher admettait que l'abolition de l'esclavage allait forcément entraîner des « désordres » ; que « la somme de travail dans les colonies diminuerait » ; que les affranchis fuiraient la culture : ce qui imposerait la nécessité d'une immigration. Cette immigration, il la veut libre, il la préfère européenne ; il affirme qu'elle sera « possible, humaine et profitable, pour tous, si l'on prend quelques mesures, pour obvier aux chances de péril. » Il veut bien, toujours dans son même livre, nous désigner ces mesures.

Il faudrait, dit-il, que les émigrés, avant de partir, fussent toujours assurés d'un engagement auprès de l'agent accrédité des planteurs, qui résiderait à Paris.

Le traité que signerait l'émigrant avec le planteur ou avec l'agent des planteurs, devra être aussi l'objet de la surveillance administrative. Il ne pourra se faire que dans certaines conditions, réglées par le législateur.

Les engagements de cinq ans contractés par les émigrants auraient cet avantage, qu'une telle période permettrait de graduer la somme de labeur exigible...

La loi serait pondérée de façon à garantir à l'engagiste le travail de l'engagé, et à l'engagé les bons traitements de l'engagiste. L'engagé, qui, après la seconde ou la troisième année, se soustrairait méchamment au contrat, outre la confiscation de la récolte de son jardin au profit du maître, serait enfermé jusqu'à ce qu'il ait remboursé la somme dont il aurait fait tort à l'engagiste.

Cette clause est indispensable, car avec des engagements comme ceux que nous désirons, le propriétaire aura pu avancer les frais de transport, dont la moitié resterait à son compte, et dont l'engagé lui rembourserait l'autre moitié par cinquième.

Afin de répondre à ceux qui verraient là une sorte de détention perpétuelle, nous disons tout de suite que l'on travaillera sur les habitations pénitentiaires que nous proposerons, en lieu et place, d'instituer aux colonies. (*Des Colonies françaises.* Introduction p. I et ij)

Toute notre réglementation des immigrants est comprise, en substance, dans ces courtes paroles.

Lorsque l'Angleterre eut supprimé l'Immigration indienne pour la Réunion, le Conseil général de cette colonie refusa de discuter le projet de règlement adopté par le conseil d'Etat, que le ministère lui proposait. Ce projet de règlement est le même dont, à plusieurs reprises, j'ai déjà parlé ; c'est le même qui, sur l'indication du ministère, a servi, à nos commissions locales, de modèle, et qu'elles ont, toutes, successivement amélioré : il est donc resté bien plus rigoureux que le nôtre ; c'est de lui cependant que M. Schœlcher s'est contenté de dire, en termes assez anodins, qu'il laisse encore « trop de pouvoir aux engagistes et trop peu de liberté aux engagés. »

Et à propos du refus du Conseil général de la Réunion, de le discuter, il ajoute :

Le Conseil général a, sans doute, pensé que l'Angleterre venant de suspendre l'Immigration indienne, il n'y avait plus à s'occuper du régime des 50,000 Indiens qui restent dans votre dépendance Quoi ! le conseil d'Etat élabore pendant six mois un projet tendant à assurer aux immigrants une protection plus sérieuse contre les mauvais traitements dont il est possible qu'ils soient victimes, ce règlement est envoyé à votre examen et vous ne vous croyez pas obligés d'en délibérer, vous dites tranquillement · nous verrons plus tard ! Cette façon d'en user avec un corps aussi haut placé que le conseil d'Etat ne peut être jugée que d'une manière fâcheuse pour la Réunion ; il compromet les vrais intérêts de la colonie et il ne servira pas beaucoup à faire revenir le gouvernement de l'Inde sur l'opinion défavorable qu'il s'est formée de l'administration intérieure de nos exploitations agricoles. (*Réponse à M. Emile Bellier*, p 72)

Le même projet, élaboré par le même conseil d'Etat — « un corps aussi haut placé ! » — a été, de la même façon et dans le même but, soumis par la même autorité, le ministère de la marine, aux délibérations du Conseil général de la Guadeloupe. Le Conseil général de la Guadeloupe s'est cru « obligé d'en délibérer. » Il n'a pas « dit tranquillement : nous verrons plus tard ! »

Et ce que, en 1883, M. Schœlcher reprochait si vivement à la Réunion d'avoir fait, c'est cela même que, en 1886, il blâme la Guadeloupe de n'avoir pas voulu faire !

Pointe-à-Pitre (Guadeloupe). — Imp. du Progrès.

www.ingramcontent.com/pod-product-compliance
Ingram Content Group UK Ltd.
Pitfield, Milton Keynes, MK11 3LW, UK
UKHW022129070726
13613UKWH00003B/1293